Das Buch

Wie wird es das nächste Jahrtausend mit der Literatur halten? Werden andere Medien, andere Lesebedürfnisse das Buch verdrängen? Das zu Ende gehende Jahrtausend war ein Zeitraum, in dem sich das Buch herausgebildet hat. In seinen Harvard-Vorlesungen will sich Italo Calvino nicht an den üblich gewordenen Spekulationen über das Ende des Buches beteiligen, keine Futurologie betreiben, sondern herausarbeiten, was Literatur mitteilen kann und wieso kein anderes Medium dazu in der Lage ist, diese Art der Mitteilung zu transportieren. »Mein Vertrauen in die Zukunft der Literatur beruht auf dem Wissen, daß es Dinge gibt, die einzig die Literatur mit ihren spezifischen Mitteln zu geben vermag. Deshalb möchte ich diese Vorlesungen einigen Werten und Qualitäten oder Eigenheiten der Literatur widmen, die mir besonders am Herzen liegen...«.
Es sind dies die literarischen Tugenden der *Leichtigkeit*, der *Schnelligkeit*, der *Genauigkeit*, der *Anschaulichkeit* und der *Vielschichtigkeit*, die er besonders hervorhebt.

Der Autor

Italo Calvino wurde 1923 in San Remo geboren und starb 1985 in Siena. Er arbeitete mehrere Jahre als Lektor des Verlages Einaudi in Turin. Calvino gehörte mit Raymond Queneau, Georges Perec und Jacques Roubaud der Werkstatt für experimentelle Literatur OULIPO an. Sein Werk ist in alle Weltsprachen übersetzt und mit zahlreichen großen Preisen ausgezeichnet worden.

studio dtv

Italo Calvino:
Sechs Vorschläge für das nächste Jahrtausend

Harvard-Vorlesungen

Mit einer Vorbemerkung von Esther Calvino
Aus dem Italienischen von Burkhart Kroeber

Deutscher Taschenbuch Verlag

Von Italo Calvino erschienen u. a. folgende Werke auch bei dtv: ›Das Schloß, darin sich Schicksale kreuzen‹ (1978; dtv 10284), ›Wenn ein Reisender in einer Winternacht‹ (1983; dtv 10516), ›Der Baron auf den Bäumen‹ (1984; dtv 10578), ›Der geteilte Visconte‹ (1985; dtv 10664), ›Der Ritter, den es nicht gab‹ (1985; dtv 10742), ›Herr Palomar‹ (1985; dtv 10877), ›Abenteuer eines Reisenden‹ (1986; dtv 10961), ›Unter der Jaguar-Sonne‹ (1987; dtv 11325), ›Marcovaldo oder die Jahreszeiten in der Stadt‹ (1988; dtv 11415), ›Auf den Spuren der Galaxien‹ (1989; dtv 11574), ›Wo Spinnen ihre Nester bauen‹ (1992; dtv 11896).

Ungekürzte Ausgabe
Oktober 1995
Deutscher Taschenbuch Verlag GmbH & Co. KG, München
Die Originalausgabe erschien 1988 unter dem Titel
»Lezioni americane. Sei proposte per il prossimo millenio« bei Garzanti in Mailand
© PALOMAR s.r.l. 1988
© der deutschen Ausgabe Carl Hanser Verlag, München · Wien 1991
Umschlaggestaltung: Christoph Krämer
Satz: Reinhard Amann, Aichstetten
Druck und Bindung: C. H. Beck'sche Buchdruckerei, Nördlingen
Printed in Germany · ISBN 3-423-19036-1

SIX MEMOS
FOR THE NEXT MILLENNIUM

1 - Lightness
2 - Quickness
3 - Exactitude
4 - Visibility
5 - Multiplicity
6 - Consistency

ZU DIESEM BUCH

Am 6. Juni 1984 wurde Calvino offiziell von der Harvard-Universität eingeladen, die Charles Eliot Norton Poetry Lectures zu halten. Es handelt sich um einen Zyklus von sechs Vorlesungen, die im Laufe eines akademischen Jahres (für Calvino wäre es 1985–1986 gewesen) an der Harvard-Universität in Cambridge, Massachusetts, gehalten werden. Der Begriff »Poetry« meint in diesem Fall jede Form von poetischer Kommunikation, ob literarischer, musikalischer oder bildlicher Art, und die Wahl des Themas steht völlig frei. Diese Freiheit ist das erste Problem gewesen, das Calvino zu bewältigen hatte, war er doch überzeugt von der Notwendigkeit eines Zwanges bei der literarischen Arbeit. Sobald es ihm einmal gelungen war, das zu behandelnde Thema klar abzustecken – Darlegung einiger literarischer Werte, die es für das nächste Jahrtausend zu bewahren gilt –, widmete er fast seine ganze Zeit der Vorbereitung dieser *lectures*.

Sie wurden bald zu einer Obsession, und eines Tages sagte er mir, er habe Ideen und Material für mindestens acht Vorlesungen. Ich kenne den Titel, den die achte hätte tragen können: »Über das Anfangen und das Beenden« (von literarischen Werken), aber bis heute habe ich keinen Text gefunden. Nur Stichworte.

Bei seinem Tod am 19. September 1985, kurz vor der geplanten Abreise in die Vereinigten Staaten, hatte er fünf der sechs Vorlesungen fertiggeschrieben. Es fehlt die sechste, »Consistency« (Konsistenz, Haltbarkeit), von der ich lediglich weiß, daß sie sich auf Herman Melvilles *Bartleby* beziehen sollte. Mein Mann wollte sie in Harvard schreiben.

Natürlich sind dies die Texte, die er mündlich vorgetragen hätte. Vor der Drucklegung hätte er sie sicher noch einmal überarbeitet, aber ich glaube nicht, daß er noch wesentliche Änderungen vorgenommen hätte. Die Unterschiede zwischen den ersten Fassungen, die ich gelesen habe, und den letzten betreffen nur den Aufbau, nicht den Inhalt.

Das vorliegende Buch gibt die Texte so wieder, wie er sie maschinenschriftlich hinterlassen hat. Eines Tages wird es vielleicht eine kritische Edition der handschriftlichen Aufzeichnungen geben. Ich habe die direkt auf englisch geschriebenen Wörter so stehengelassen, ebenso sind die Zitate in der jeweiligen Originalsprache geblieben.*

Hinzufügen möchte ich, daß sich das Typoskript auf seinem Schreibtisch in perfekter Ordnung befand, jeder einzelne Vortrag säuberlich in einer Klarsichthülle, das Ganze in einem grauen Schnellhefter, bereit, in den Koffer gepackt zu werden.

Die »Norton Lectures« wurden 1926 begründet und im Laufe der Jahre Persönlichkeiten wie T. S. Eliot, Igor Strawinsky, Jorge Luis Borges, Northrop Frye und Octavio Paz anvertraut. Es war das erstemal, daß sie einem italienischen Schriftsteller angeboten worden waren.

Dank sagen möchte ich Luca Marighetti von der Universität Konstanz für seine gründliche Kenntnis von Werk und Denken Calvinos sowie Angelika Koch, ebenfalls Universität Konstanz, für die Hilfe, die sie mir geleistet hat.

Esther Calvino

---

* Die deutsche Ausgabe folgt dem italienischen Original, hält sich aber bei den fremdsprachlichen Zitaten an die Praxis der amerikanischen Ausgabe, die 1988 unter dem Titel *Six Memos for the Next Millenium*, übersetzt von Patrick Creagh, in der Harvard University Press erschienen ist: wie dort werden – entsprechend Calvinos Zitierweise – auch die italienischsprachigen Zitate im Original mit anschließender (möglichst wortgetreuer, falls nicht anders angegeben, eigens für diesen Band erstellter) Übersetzung angeführt. Eine Liste aller zitierten Werke folgt am Ende des Bandes.

INHALT

1 Leichtigkeit
13

2 Schnelligkeit
49

3 Genauigkeit
81

4 Anschaulichkeit
113

5 Vielschichtigkeit
137

Verzeichnis der
zitierten Werke
167

Personenregister
171

Wir schreiben 1985: nur noch wenige Jahre trennen uns vom Beginn eines neuen Jahrtausends. Bisher habe ich nicht den Eindruck, daß das Näherrücken dieses Datums besondere Emotionen auslöst. Aber wie dem auch sei, ich bin nicht hier, um über Futurologie zu sprechen, sondern über Literatur. Das zu Ende gehende Jahrtausend hat die Geburt und die Ausbreitung der modernen westlichen Sprachen erlebt und parallel dazu die der Literaturen, die das Ausdrucks-, Erkenntnis- und Imaginationspotential dieser Sprachen erkundet haben. Zugleich ist es das Jahrtausend des Buches gewesen, insofern sich in ihm das Objekt Buch, wie wir es kennen, herausgebildet hat. Vielleicht ist eines der deutlichsten Anzeichen dafür, daß das Jahrtausend zu Ende geht, die Häufigkeit, mit der man sich über das Schicksal der Literatur und des Buches im sogenannten postindustriellen technologischen Zeitalter Gedanken macht. Ich habe nicht die Absicht, mich auf diese Art von Spekulationen einzulassen. Mein Vertrauen in die Zukunft der Literatur beruht auf dem Wissen, daß es Dinge gibt, die einzig die Literatur mit ihren spezifischen Mitteln zu geben vermag. Deshalb möchte ich diese Vorlesungen einigen Werten oder Qualitäten oder Eigenheiten der Literatur widmen, die mir besonders am Herzen liegen, und werde versuchen, sie in die Perspektive des neuen Jahrtausends zu stellen.

1

LEICHTIGKEIT

Die erste Vorlesung widme ich dem Gegensatz von Leichtigkeit und Schwere und werde dabei die Rechte der Leichtigkeit vertreten. Das soll nicht heißen, daß ich die Rechte der Gewichtigkeit oder Schwere geringer schätze, ich denke nur, daß ich über die Leichtigkeit mehr zu sagen habe.

Nachdem ich nunmehr seit vierzig Jahren *fiction* schreibe, nachdem ich verschiedene Wege ausprobiert und verschiedene Experimente durchgeführt habe, wird es langsam Zeit, daß ich mich nach einer umfassenden Definition meiner Arbeit umsehe. Ich würde die folgende vorschlagen: Meine Tätigkeit hat vorwiegend darin bestanden, Gewicht wegzunehmen; ich habe bald den menschlichen Gestalten, bald den Himmelskörpern, bald den Städten Gewicht zu nehmen versucht; vor allem aber habe ich versucht, dem Bau der Erzählung und der Sprache Gewicht zu nehmen.

Im folgenden werde ich zu erklären versuchen – mir selbst und Ihnen –, was mich dazu gebracht hat, Leichtigkeit als einen Wert und nicht als einen Defekt zu betrachten, in welchen Werken der Vergangenheit ich mein Leichtigkeitsideal wiedererkenne, wie ich diesen Wert in der Gegenwart sehe und wie ich ihn in die Zukunft projiziere.

Beginnen wir mit dem letzten Punkt. Als ich anfing zu schreiben, war der kategorische Imperativ jedes jungen Schriftstellers die Pflicht, seine eigene Zeit darzustellen. Voll des guten Willens versuchte ich also, mich in die erbarmungslose Kraft einzufühlen, die den Geschichtsprozeß unseres Jahrhunderts in seinen kollektiven und individuellen Ausprägungen vorantreibt. Ich suchte nach einer Übereinstimmung zwischen dem bewegten Schauspiel der Welt, das abwechselnd dramatisch und grotesk erscheint, und meinem Hang zum Pikaresken und Abenteuerlichen, der mich zum Schreiben drängte. Bald wurde mir bewußt, daß zwischen den Fakten des Lebens, die mein Rohstoff hätten sein sollen, und der raschen und treffsicheren Beweglichkeit, die ich mir für mein Schreiben wünschte, eine Kluft lag, deren Überwindung mich immer mehr Kraft kostete. Vielleicht entdeckte ich da erst die Schwerfälligkeit, die Trägheit, die Undurchsichtigkeit der Welt – Eigenschaften, die sich sofort auch ans Schreiben heften, wenn man keinen Weg findet, ihnen zu entgehen.

In manchen Momenten schien mir, als sei die Welt im Begriff, ganz zu versteinern: ein langsames Versteinern, das je nach Personen und Orten mehr oder weniger weit fortgeschritten war, aber keinen Aspekt des Lebens ausließ. Es war, als könnte sich niemand dem unerbittlichen Blick der Medusa entziehen.

Der einzige Heros, der fähig ist, der Medusa den Kopf abzuschlagen, ist Perseus, der sich in Flügelsandalen durch die Luft bewegt, Perseus, der seinen Blick nicht auf das Antlitz der Gorgo richtet, sondern nur auf ihr Spiegelbild in seinem bronzenen Schild. Schon kommt mir Perseus auch jetzt in diesem Moment zu Hilfe, in dem ich bereits den steinernen Biß zu verspüren meine, wie jedesmal, wenn ich zu einem autobiographisch-historischen Rückblick ansetze. Besser also, ich lasse zu, daß mein Diskurs sich aus mythologischen Bildern zusammensetzt.

Um den Kopf der Medusa abzuschlagen, ohne dabei zu versteinern, hält Perseus sich an das Allerleichteste, an die Winde und Wolken; und er richtet seinen Blick auf das, was sich ihm nur in einer indirekten Sicht enthüllen kann, als Bild in einem Spiegel. Sofort fühle ich mich versucht, in diesem Mythos eine Allegorie für das Verhältnis des Dichters zur Welt zu sehen, eine Lektion in der Methode, die man beim Schreiben befolgen sollte. Aber ich weiß, daß jede Interpretation den Mythos verwässert und erstickt. Bei den Mythen darf man keine Eile haben. Es ist besser, sie sich langsam im Gedächtnis setzen zu lassen, innezuhalten und jeder Einzelheit nachzusinnen, räsonierend über sie nachzudenken, ohne aus ihrer Bildersprache auszubrechen. Die Lehre, die wir aus einem Mythos ziehen können, steckt in der Wörtlichkeit seiner Erzählung, nicht in dem, was wir von außen dazutun.

Das Verhältnis zwischen Perseus und der Medusa ist komplex und endet nicht mit der Enthauptung des Scheusals. Aus dem Blut der Medusa erhebt sich ein geflügeltes Pferd, der Pegasus; die Schwere des Steins kann in ihr Gegenteil verkehrt werden; durch einen Hufschlag auf dem Berge Helikon läßt Pegasus die Quelle entspringen, aus der die Musen trinken. In manchen Versionen des Mythos ist es Perseus, der den wunderbaren Pegasus reitet, den Liebling der Musen, der aus dem verfluchten Blut der Medusa geboren ist. (Auch die Flügelsandalen kamen übrigens aus der Welt der Monster: Perseus hatte sie von den Schwestern der Medusa erhalten, den einäugigen Graien.) Was das abgeschlagene Haupt angeht, so läßt er es nicht etwa liegen, sondern trägt es in einem Sack verborgen mit sich herum; wenn Feinde ihn zu überwältigen drohen, braucht er es nur vorzuzeigen, indem er es an den Schlangenhaaren herauszieht, und die blutige Trophäe wird zu einer unbesiegbaren Waffe in den Händen des Heros: zu einer Waffe, die er nur in Extremfällen benutzt und nur gegen den, der die Strafe verdient, in die Statue seiner selbst verwandelt zu werden. Hier will der Mythos mir sicherlich etwas sagen, etwas, das in seinen Bildern enthalten ist und sich nicht anders erklären läßt. Perseus kann jenes schreckliche Antlitz beherrschen, indem er es verborgen hält, so wie er es zuvor besiegen konnte, indem er es im Spiegel betrachtete. Immer ist es eine Ablehnung des direkten Anblicks, aus der Perseus seine Kraft bezieht, nicht aber eine Ablehnung der Realität der Monsterwelt, in der zu leben ihm beschieden ist, einer Realität, die er mit sich herumträgt, die er als seine Bürde annimmt.

Über das Verhältnis zwischen Perseus und der Medusa können wir noch etwas mehr lernen, wenn wir Ovids *Metamorphosen* lesen. Perseus hat eine neue Schlacht gewonnen, er hat mit dem Schwert ein Seeungeheuer erschlagen und hat Andromeda befreit. Und nun schickt er sich an zu tun, was jeder von uns nach einer solchen Dreckarbeit tun würde: er geht sich die Hände waschen. In solchen Fällen ist sein Problem: wohin mit dem Medusenhaupt? Und hier gibt es nun bei Ovid ein paar Verse (IV, 740–752), die mir außerordentlich gut zu erklären scheinen, wieviel Zartgefühl nötig ist, um ein Perseus zu sein, der Ungeheuer besiegt:

»Damit der grobe Sand nicht das schlangenhaarige Haupt verletze *(anguiferumque caput dura ne laedat harena)*, macht er den Boden weich mit einer Schicht Blätter, breitet kleine Zweige von unter Wasser gewachsenen Pflanzen darüber und legt dann das Haupt der Medusa mit dem Gesicht nach unten darauf.« Mir scheint, daß die Leichtigkeit, deren Halbgott Perseus ja ist, nicht besser dargestellt werden könnte als durch diese Geste pfleglicher Freundlichkeit gegenüber jenem monströsen und schrecklichen, aber irgendwie auch vergänglichen, verletzlichen Wesen. Am überraschendsten ist jedoch das Wunder, das daraus folgt: Die Zweige der Wasserpflanzen verwandeln sich bei der Berührung mit dem Medusenhaupt in Korallen, und um sich mit diesen Korallen zu schmücken, kommen Nymphen herbeigeeilt und bringen Zweige und Algen zu dem schrecklichen Haupt.

Auch dieses Zusammentreffen von Bildern, in dem die zarte Anmut der Korallen den grausigen Schrecken der Gorgo streift, ist so suggestiv, daß ich es nicht durch Kommentare oder Interpretationsversuche beschädigen möchte. Was ich tun kann, ist jedoch, diese Verse Ovids mit denen eines modernen Dichters zusammenzubringen, nämlich mit dem *Piccolo testamento* von Eugenio Montale, in dem wir ebenfalls überaus zarte Elemente finden, die wir als emblematisch für seine Dichtung betrachten können (»traccia madreperlacea di lumaca / o smeriglio di vetro calpestato« – »perlmuttene Spur der Schnecke oder Schmirgel zerstampften Glases«), konfrontiert mit einem schrecklichen Höllenmonster, einem Luzifer mit Teerflügeln, der über die westlichen Metropolen herfällt. Nie hat Montale eine derart apokalyptische Vision heraufbeschworen wie in diesem Gedicht von 1953, doch was seine Verse in den Vordergrund stellen, sind jene winzigen Leuchtspuren, die er der düsteren Katastrophe entgegensetzt (»Bewahr dir den Puder davon im Döschen, wenn alle Lampen erloschen sind«). Aber wie können wir hoffen, uns ausgerechnet im Allerfragilsten zu retten? Montales Gedicht ist ein Bekenntnis seines Glaubens an die Beständigkeit dessen, was am vergänglichsten scheint, und an die moralischen Werte, die den schwächsten Spuren anvertraut sind: »das schwache Aufflackern dort unten war nicht das eines Streichholzes.«

Wie man sieht, habe ich einen langen Umweg machen müssen, um von unserer Epoche sprechen zu können, habe Ovids verletzliche Medusa und Montales teerigen Luzifer heraufbeschwören müssen. Es ist schwierig für ei-

PICCOLO TESTAMENTO

Questo che a notte balugina
nella calotta del mio pensiero,
traccia madreperlacea di lumaca
o smeriglio di vetro calpestato,
non è lume di chiesa o d'officina
che alimenti
chierico rosso, o nero.
Solo quest'iride posso
lasciarti a testimonianza
d'una fede che fu combattuta,
d'una speranza che bruciò più lenta
di un duro ceppo nel focolare.
Conservane la cipria nello specchietto
quando spenta ogni lampada
la sardana si farà infernale
e un ombroso Lucifero scenderà su una prora
del Tamigi, del Hudson, della Senna
scuotendo l'ali di bitume semi-
mozze dalla fatica, a dirti: è l'ora.
Non è un eredità, una portafortuna
che può reggere all'urto dei monsoni
sul fil di ragno della memoria,
ma una storia non dura che nella cenere
e persistenza è solo l'estinzione.
Giusto era il segno: chi l'ha ravvisato
non può fallire nel ritrovarti.
Ognuno riconosce i suoi: l'orgoglio
non era fuga, l'umiltà non era
vile, il tenue bagliore strofinato
laggiù non era quello di un fiammifero.

KLEINES TESTAMENT

Was da aufglimmt des Nachts
in der Kapsel meiner Gedanken,
perlmuttschimmernde Schneckenspur
oder Schmirgel zerstampften Glases,
ist kein Licht von Kirchen oder Fabriken,
genährt von
rotem und schwarzem Kleriker.
Nur dieses Irisglimmen kann ich
dir hinterlassen zum Zeugnis
eines umkämpften Glaubens,
einer Hoffnung, die langsamer brannte
als ein harter Klotz in der Herdglut.
Bewahr dir den Puder davon im Döschen
wenn alle Lampen erloschen sind
und die Sardana höllisch wird,
und ein schattiger Luzifer niederfährt auf einem Bug
die Themse, den Hudson, die Seine,
schüttelnd die teerigen, von der Mühsal halb ge-
stutzten Flügel, um dir zu sagen: 's ist Zeit.
Keine Erbschaft, kein Glücksbringer
schützt vor dem Ansturm der Monsune
auf dem Spinngeweb der Erinnerung,
doch eine Geschichte dauert nur in der Asche,
und bleibend ist nur das Erlöschen.
Gut war das Zeichen: Wer es erkannt hat,
kann nicht scheitern auf der Suche nach dir.
Jeder erkennt die seinen: Der Stolz
war nicht Flucht, die Demut war nicht
feige, das schwache Aufflackern dort unten
war nicht das eines Streichholzes.

nen Romancier, seine Idee von Leichtigkeit anhand von Beispielen aus dem zeitgenössischen Leben darzustellen, es sei denn, er macht sie zum unerreichbaren Gegenstand einer endlosen *quête*. Das ist es, was Milan Kundera mit großer Eindringlichkeit und Direktheit getan hat. Sein Roman *Die unerträgliche Leichtigkeit des Seins* ist in Wahrheit eine bittere Konstatierung der unausweichlichen Schwere des Lebens – nicht nur der verzweifelten und allesdurchdringenden Repression, die sein gebeuteltes Land erleidet, sondern einer allgemeinen *conditio humana*, die auch wir teilen, selbst wenn wir unendlich viel besser dran sind. Die Schwere des Lebens liegt für Kundera in jedweder Form von Zwang: in dem dichten Netz von öffentlichen und privaten Zwängen, das unser ganzes Dasein immer mehr einschnürt. Sein Roman führt uns vor, wie alles im Leben, was wir uns wählen und als leicht schätzen, sehr bald seine unerträgliche Schwere und Gewichtigkeit an den Tag legt. Vielleicht entgehen diesem Fluch nur die Lebendigkeit und die Beweglichkeit der Intelligenz – ebendie Qualitäten, mit denen dieser Roman geschrieben ist und die einer anderen Welt als der unseres täglichen Lebens angehören.

Immer wenn mir das Reich des Menschlichen zur Schwere verurteilt erscheint, denke ich, ich sollte wie Perseus wegfliegen in einen anderen Raum. Ich spreche nicht von einer Flucht in den Traum oder ins Irrationale. Ich meine, ich muß meinen Ansatz ändern, die Welt mit anderen Augen sehen, mit einer anderen Logik, anderen Methoden der Erkenntnis und der Verifikation. Die Bilder der Leichtigkeit, nach denen ich suche, dürfen nicht wie Träume verblassen vor der Realität der Gegenwart und der Zukunft...

Im unendlichen Universum der Literatur tun sich immer neue Wege auf, die es zu erkunden gilt, nagelneue und uralte Wege, Stile und Formen, die unser Bild von der Welt verändern können... Doch wenn mir die Literatur nicht genügt, um mich zu vergewissern, daß ich nicht nur Träumen nachhänge, hole ich mir aus der Wissenschaft Nahrung für meine Visionen, in denen alle Schwere aufgelöst wird...

Heute scheint jeder Zweig der Wissenschaft zu beweisen, daß die Welt durch feinste und kleinste Entitäten zusammengehalten wird – durch die Botschaften der DNS, die Impulse der Neuronen, die Quarks, die Neutrinos, die seit Urzeiten durch den Raum vagabundieren...

Oder nehmen wir die Informatik, das Computerwesen. Es stimmt zwar, daß die Software die Macht ihrer Leichtigkeit nur durch die Schwere der Hardware ausüben kann, aber die Software hat das Kommando, sie ist es, die auf die Außenwelt und die Maschinen einwirkt, welche nur als Funktion der Software existieren, sich nur weiterentwikkeln, um immer komplexere Programme auszuführen. Die zweite industrielle Revolution präsentiert sich nicht wie die erste mit erdrückenden Bildern von Blechpressen oder Hochöfen, sondern mit »Bits« in einem Informationsfluß, der über Regelkreise in Form von elektronischen Impulsen verläuft. Maschinen aus Eisen gibt es noch immer, aber sie gehorchen heute den gewichtlosen Bits.

Ist es legitim, aus dem Diskurs der Wissenschaften ein Bild der Welt zu extrapolieren, das meinen Wünschen entspricht? Wenn die Operation, die ich hier versuche, mich reizt, dann deshalb, weil ich den Eindruck habe, daß sie an einen sehr alten Strang in der Geschichte der Dichtung anknüpfen könnte.

Das Lehrgedicht *De rerum natura* von Lukrez ist das erste große poetische Werk, in dem die Erkenntnis der Welt zur Auflösung der Kompaktheit von Welt und zur Wahrnehmung des unendlich Kleinen, Mobilen und Leichten wird. Lukrez will das Gedicht der Materie schreiben, aber er weist uns sofort darauf hin, daß die wahre Realität dieser

Materie aus unsichtbaren Korpuskeln besteht. Er ist der Dichter der physischen Konkretheit, gesehen in ihrer fortdauernden und unveränderlichen Substanz, aber er sagt uns als erstes, daß die Leere genauso konkret ist wie die Festkörper. Sein größtes Anliegen scheint zu sein, zu vermeiden, daß uns das Gewicht der Materie erdrückt. Selbst während er die rigorosen Gesetze der Mechanik aufstellt, die jedes Ereignis determinieren, verspürt er das Bedürfnis, den Atomen unvorhersehbare Abweichungen von der geraden Linie zu gestatten, dergestalt, daß sowohl der Materie wie dem Menschen Freiheiten garantiert werden. Die Poesie des Unsichtbaren, die Poesie der unendlichen unvorhersehbaren Möglichkeiten stammt ebenso wie die Poesie des Nichts von einem Dichter, der keine Zweifel an der Konkretheit der Welt hat.

Die Zerstäubung der Realität erstreckt sich auch auf die sichtbaren Aspekte der Welt, und hier ist die poetische Kraft von Lukrez am größten – siehe die in einem Sonnenstrahl tanzenden Staubkörnchen in einem dunklen Zimmer (II, 114–124); die winzigen, alle gleichen und alle verschiedenen Muschelschalen, die von den Wellen sanft auf die *bibula harena*, den »immerdurstigen Sand«, gespült werden (II, 374–376); die feinen Spinnweben, in die wir uns beim Gehen verwickeln, ohne es zu merken (III, 381–390), und so fort.

Ich habe schon Ovids *Metamorphosen* zitiert, ein anderes enzyklopädisches Epos (geschrieben rund fünfzig Jahre nach dem von Lukrez), das nur statt von der pysischen Realität von den Sagen der Mythologie ausgeht. Auch für Ovid kann sich alles in neue Formen verwandeln, auch für Ovid ist Erkenntnis der Welt Auflösung der Kompaktheit von Welt, auch für Ovid gibt es eine essentielle Gleichwertigkeit alles Seienden, entgegen jeder Hierarchie von Mächten und Werten. Besteht die Welt des Lukrez aus unveränderlichen Atomen, so besteht die Welt des Ovid aus

Eigenschaften, Attributen und Formen, die das Je-anders-Sein aller Dinge und Pflanzen, Tiere und Menschen definieren; aber diese sind nur dünne Hülsen einer gemeinsamen Substanz, welche – wenn sie von tiefen Leidenschaften aufgewühlt wird – die verschiedensten Formen annehmen kann.

Es ist die Verfolgung des fließenden Übergangs von einer Form zur anderen, in der Ovid seine unvergleichlichen Gaben entfaltet. Zum Beispiel, wenn er erzählt, wie eine Frau bemerkt, daß sie sich gerade in einen Judendorn verwandelt: ihre Füße haften auf einmal wie angenagelt am Boden, eine zarte Rinde wächst langsam an ihr empor und umhüllt ihre Lenden; sie will sich die Haare raufen und hat die Hände voller Laub. Oder wenn er von den Fingern der Arachne erzählt, die so flink beim Auf- und Abwickeln der Wolle, beim Drehen der Spindel, beim Führen der Sticknadel sind und die plötzlich vor unseren Augen lang werden, sich in dünne Spinnenbeine verwandeln und Spinnennetze zu ziehen beginnen.

Sowohl bei Lukrez wie auch bei Ovid ist die Leichtigkeit eine Art der Weltsicht, die sich auf die Philosophie und die Wissenschaft gründet: auf die Lehren des Epikur bei Lukrez, auf die des Pythagoras bei Ovid (eines Pythagoras, der, wie Ovid ihn präsentiert, sehr an Buddha erinnert). Doch in beiden Fällen ist die Leichtigkeit etwas, das sich beim Schreiben herstellt, dank der sprachlichen Fähigkeiten des Dichters, unabhängig von der Lehre des Philosophen, dem der Dichter folgen zu wollen erklärt.

Aus dem bisher Gesagten scheint mir der Begriff der Leichtigkeit langsam Kontur anzunehmen; vor allem hoffe ich gezeigt zu haben, daß es eine Leichtigkeit der Nachdenklichkeit gibt, so wie es bekanntlich eine Leichtigkeit der Frivolität gibt; ja, die nachdenkliche Leichtigkeit kann sogar die Frivolität als schwer und opak erscheinen lassen.

Ich könnte diesen Gedanken nicht besser verdeutlichen als durch eine Novelle des *Decamerone* (VI, 9), in welcher der florentinische Dichter Guido Cavalcanti auftritt. Boccaccio präsentiert uns Cavalcanti als einen gestrengen Philosophen, der nachdenklich zwischen den marmornen Grabmälern vor einer Kirche umhergeht. Die florentiner Jeunesse dorée pflegte damals in Trupps durch die Stadt zu ziehen, von einem Fest zum anderen, immer auf der Suche nach Gelegenheiten, den Kreis ihrer austauschbaren Gäste zu erweitern. Cavalcanti war nicht beliebt bei ihnen, weil er, obwohl reich und elegant, sich nicht auf ihr Treiben einließ und weil seine Philosophie als gottlos verdächtigt wurde.

Ora avvenne un giorno che, essendo Guido partito d'Orto San Michele e venutosene per lo Corso degli Adimari infino a San Giovanni, il quale spesse volte era suo cammino, essendo arche grandi di marmo, che oggi sono in Santa Reparata, e molte altre dintorno a San Giovanni, e egli essendo tralle colonne del porfido che vi sono e quelle arche e la porta di San Giovanni, che serrata era, messer Betto con sua brigata a caval venendo su per la piazza di Santa Reparata, vedendo Guido là tra quelle sepolture, dissero: »Andiamo a dargli briga«; e spronati i cavalli, a guisa d'uno assalto sollazzevole gli furono, quasi prima che egli se ne avvedesse, sopra e cominciarongli a dire: »Guido, tu rifiuti d'esser di nostra brigata; ma ecco, quando tu avrai trovato che Idio non sia, che avrai fatto?«

A' quali Guido, da lor veggendosi chiuso, prestamente disse: »Signori, voi mi potete dire a casa vostra ciò che vi piace«; e posta la mano sopra una di quelle arche, che grandi erano, sì come colui che leggerissimo era, prese un salto e fusi gittato dall'altra parte, e sviluppatosi da loro se n'andò.

Nun geschah es eines Tages, als Guido von Orto San Michele ausgegangen und durch den Corso degli Adimari zu San Giovanni gekommen war, wohin er oft zu gehen pflegte und wo große Marmorgrabmäler standen, die heute in Santa Reparata sind, und viele andere, die noch um San Giovanni herumstehen, und als er umherging zwischen den Porphyrsäulen, die sich dort befinden, und jenen Gräbern und der Tür von San Giovanni, die verschlossen war, da kamen Messer Berto und seine Gesellschaft über den Platz von Santa Reparata geritten, sahen Guido dort zwischen den Gräbern und sagten: »Gehn wir ihn ein bißchen aufziehen«; und gaben ihren Pferden die Sporen und waren wie in einer vorgespielten Attacke über ihm, fast ehe er's bemerkt hatte, und sagten zu ihm: »Guido, du verschmähst es, an unserer Gesellschaft teilzunehmen; aber schau, wenn du nun herausgefunden hast, daß es keinen Gott gibt, was wirst du dann davon haben?«

Woraufhin Guido, der sich von ihnen umzingelt sah, sofort versetzte: »Ihr Herren, ihr könnt mir in eurem Hause sagen, was euch gefällt«; und die Hand auf einen jener Grabsteine gestützt, die groß waren, schwang er sich, federleicht wie er war, mit einen Satz auf die andere Seite hinüber und ging, nachdem er sich derart von ihnen befreit, seiner Wege.

Was uns hier interessiert, ist nicht so sehr die Cavalcanti zugeschriebene Antwort (die sich dahingehend interpretieren ließe, daß der angebliche »Epikureismus« des Dichters in Wahrheit ein Averroïsmus war, nach dem die individuelle Seele zum universalen Intellekt gehört: Die Gräber sind *euer* Haus und nicht meines, insofern der leibliche Tod besiegt worden ist von dem, der sich durch intellektuelle Spekulation zur universalen Kontemplation erhoben hat). Das Frappierende ist hier das visuelle Bild, das Boccaccio heraufbeschwört: wie Cavalcanti sich mit einem Satz befreit, »sì come colui che leggerissimo era« – federleicht, wie er war.

Hätte ich ein glückverheißendes Bild für den Eintritt ins neue Jahrtausend zu wählen, ich würde dieses nehmen: den raschen, leichtfüßigen Sprung des Dichter-Philosophen, der sich über die Schwerfälligkeit der Welt erhebt und damit beweist, daß sein Ernst das Geheimnis der Leichtheit enthält, während das, was von vielen für die Vitalität der Zeit gehalten wird, die lärmende, aggressive, dröhnende, ins Reich des Todes gehört wie ein Friedhof für rostige alte Automobile.

Ich wünschte, Sie behielten dieses Bild im Kopf, wenn ich nun über Calvalcanti als den Dichter der Leichtigkeit spreche. In seinen Gedichten sind die *dramatis personae* weniger menschliche Gestalten als Seufzer, Lichtstrahlen, optische Bilder und vor allem jene immateriellen Impulse oder Botschaften, die er *spiriti*, Geister, nennt. Ein alles andere als leichtes Thema wie das des Liebeskummers wird aufgelöst in ungreifbare Entitäten, die sich zwischen Gefühls- und Verstandesseele bewegen, zwischen Herz und Hirn, Augen und Stimme. Dabei handelt es sich stets um etwas, das durch drei Eigenschaften gekennzeichnet ist: 1. ist es extrem leicht, 2. ist es in Bewegung, und 3. ist es ein Informationsträger. In manchen Gedichten ist dieser Bote-mit-Botschaft der poetische Text selber; im berühmtesten von allen wendet sich der verbannte Dichter an die Ballade, die er gerade schreibt, und sagt: »Va tu, leggera e piana / dritt'a la donna mia« (Geh du, leicht und leise / geradewegs zu meiner Herrin). In einem anderen sind es die Schreibwerkzeuge, die Federn und Geräte zum Federspitzen, die das Wort ergreifen: »Noi siàn le triste penne isbigottite, / le cesoiuzze e'l coltellin dolente...« (Wir sind die armen, verwirrten Federn, die kleinen Scheren und das trauernde

Messerchen). In einem Sonett kommt das Wort *spirito* oder *spiritello* in jedem Vers vor: in einer offenkundigen Selbstparodie treibt Cavalcanti seine Vorliebe für dieses Schlüsselwort auf die Spitze, indem er in den vierzehn Versen eine komplizierte abstrakte Geschichte von vierzehn »Geistern« erzählt, die jeder mit einer anderen Funktion eingreifen. In einem anderen Sonett wird der Leib durch den Liebeskummer zerstückelt, marschiert aber weiter wie ein Automat »fatto di rame o di pietra o di legno« (aus Kupfer oder Stein oder Holz gemacht). Bereits in einem Sonett von Guinizelli hatte der Liebeskummer eine vergleichbare Rolle gespielt: dort hatte er den Dichter in eine Messingstatue verwandelt – ein sehr konkretes Bild, das seine Kraft gerade aus dem Eindruck der Schwere bezieht, den es hervorruft. Bei Cavalcanti löst sich die Schwere der Materie durch den Umstand auf, daß die Materialien, aus denen das Abbild des Menschen gemacht ist, viele sein können und austauschbar sind; die Metapher zwingt uns keine Vorstellung eines festen Körpers auf, und nicht einmal das Wort *pietra* macht den Vers schwer. Hier finden wir jene Gleichwertigkeit alles Seienden wieder, von der ich im Zusammenhang mit Lukrez und Ovid gesprochen habe. Der große italienische Literaturhistoriker Gianfranco Contini hat sie »parificazione cavalcantiana dei reali« genannt, »Cavalcantische Gleichstellung der Realien«.

Das schönste Beispiel dafür gibt Cavalcanti in einem Sonett, das mit einer Aufzählung von lauter Bildern der Schönheit beginnt, die alle nur dazu bestimmt sind, von der Schönheit der geliebten Frau noch übertroffen werden:

> Biltà di donna e di saccente core
> e cavalieri armati che sien genti;
> cantar d'augelli e ragionar d'amore;
> adorni legni 'n mar forte correnti;

aria serena quand'apar l'albore
e bianca neve scender senza venti;
rivera d'acqua e prato d'ogni fiore;
oro, argento, azzurro 'n ornamenti ...

Schönheit von Frauen und klugen Herzen
und edle Ritter in Waffen;
Vogelgesang und Liebeswerben;
stolze Schiffe in flotter Fahrt;

klare Luft, wenn der Morgen graut,
und weißer Schnee, der bei Windstille fällt;
Flußufer und Wiesen voller Blumen;
Gold, Silber, Azurblau in Ornamenten ...

Der Vers »e bianca neve scender senza venti« ist leicht verändert von Dante übernommen worden (*Inferno* XIV, 30): »come di neve in alpe sanza vento« (wie Schnee in den Alpen bei Windstille [fällt]). Die beiden Verse sind fast gleich, und doch drücken sie zwei ganz verschiedene Konzepte aus. In beiden suggeriert das Bild vom Schneefall bei Windstille eine leichte und geräuschlose Bewegung. Aber damit endet auch schon die Ähnlichkeit und beginnt die Verschiedenheit. Bei Dante wird der Vers beherrscht durch die Ortsangabe (»in den Alpen«), die eine Gebirgslandschaft evoziert. Bei Cavalcanti dagegen löst das Adjektiv »weiß«, das pleonastisch erscheinen mag, im Verein mit dem Verb »fallen«, das ebenfalls völlig voraussehbar war, die Landschaft in eine Atmosphäre schwebender Abstraktion auf. Doch es ist vor allem das erste Wort, das die unterschiedliche Bedeutung der beiden Verse bestimmt. Bei Cavalcanti stellt die Konjunktion »und« das Bild vom fallenden Schnee auf dieselbe Stufe mit allen anderen Bildern, die ihm vorausgehen und ihm folgen – eine Bilderserie, die wie eine Musterkollektion von irdischen Schönheiten anmutet. Bei Dante schließt das Adverb »wie« die ganze Szene in den Rahmen einer Metapher ein, aber innerhalb dieses Rahmens hat sie eine eigene konkrete Realität, und nicht weniger konkret und dramatisch ist die Landschaft der Hölle unter einem Regen von Feuer, zu deren Veranschaulichung der Vergleich mit dem Schneefall eingeführt worden ist. Bei Cavalcanti geht alles so schnell, daß wir uns seiner Konsistenz gar nicht richtig bewußt werden können, nur seiner Wirkungen; bei Dante gewinnt alles feste Konsistenz und Stabilität: das Gewicht der Dinge wird genau festgestellt. Sogar wenn er von leichten Dingen spricht, scheint Dante das genaue Gewicht dieser Leichtigkeit mitteilen zu wollen – »come di neve in alpe sanza vento«. In einem anderen sehr ähnlichen Vers wird die Schwere eines Körpers, der ins Wasser fällt und versinkt, gleichsam aufgehalten und abgemildert: »come per acqua cupa cosa grave« (wie etwas Schweres in tiefem Wasser, *Paradiso* III, 123).

An diesem Punkt sollten wir uns daran erinnern, daß die Vorstellung von der Welt als einer Zusammenballung gewichtloser Atome uns deshalb so frappiert, weil wir das Gewicht der Dinge erfahren haben; so wie wir die Leichtigkeit der Sprache nicht bewundern könnten, wenn wir nicht auch eine gewichtige Sprache zu schätzen wüßten.

Wir können sagen, daß zwei entgegengesetzte Bestrebungen einander das Feld der Literatur durch die Jahrhunderte hindurch streitig machen. Die eine sucht aus der Sprache ein gewichtloses Element zu machen, das über den Dingen schwebt wie eine Wolke oder besser gesagt wie ein feiner Staub oder noch besser wie ein Feld von Magnetimpulsen; die andere ist darauf aus, der Sprache das Gewicht, die Dichte und die Konkretheit der Dinge zu geben, die Konsistenz der Körper und der Empfindungen.

Am Beginn der italienischen Literatur – und der europäischen – sind diese beiden Wege von Cavalcanti und Dante eröffnet worden. Die Gegenüberstellung gilt selbstverständlich nur in Grundzügen und würde, wollte man sie weiterverfolgen, zahllose Differenzierungen erfordern, bedenkt man Dantes enormen Reichtum an Mitteln und seine außerordentliche Vielseitigkeit. Nicht zufällig ist das von glücklichster Leichtigkeit inspirierte Dante-Sonett (»Guido, i' vorrei che tu e Lapo ed io« [Guido, ich wünschte, daß du und Lapo und ich]) Cavalcanti gewidmet. In der *Vita nuova* behandelt Dante denselben Stoff wie sein Lehrer und Freund, und es gibt Worte, Motive und Begriffe, die sich bei beiden Dichtern finden; wenn Dante Leichtigkeit ausdrücken will, auch in der *Divina Commedia*, kann es niemand besser als er; doch sein Genie manifestiert sich in der entgegengesetzten Richtung, wenn es darum geht, der Sprache alle klanglichen, emotionalen und sinnlichen Möglichkeiten abzugewinnen, die Welt mit ihrer ganzen Vielfalt an Ebenen, Formen und Attributen in den Vers einzufangen, das Gefühl zu vermitteln, daß die Welt in einem System organisiert ist, in einer Ordnung, einer Hierarchie, wo alles seinen Platz hat. Ein wenig zugespitzt könnte man sagen: Dante gibt noch der abstraktesten intellektuellen Spekulation eine körperliche Dichte, während Cavalcanti die Konkretheit der greifbaren Erfahrung in rhythmisch skandierte, Silbe für Silbe gestochene Verse auflöst, als ob das Denken in Form von raschen elektrischen Entladungen aus der Dunkelheit aufzuckte.

Der Blick auf Cavalcanti hat genauer zu klären erlaubt (jedenfalls für mich selbst), was ich unter »Leichtigkeit« verstehe. Für mich verbindet sich Leichtigkeit mit Präzision und Bestimmtheit, nicht mit Vagheit und Vertrauen auf den Zufall. Wie Paul Valéry gesagt hat: »Es gilt, leicht zu sein wie ein Vogel, nicht wie eine Feder.«

Ich habe Cavalcanti zitiert, um Ihnen die Leichtigkeit in

mindestens drei verschiedenen Auffassungen vorzuführen:

Erstens ein Leichtmachen der Sprache, bei dem die Bedeutungen so lange auf einem gleichsam schwerelosen verbalen Gewebe befördert werden, bis sie dieselbe verdünnte Konsistenz annehmen. Ich überlasse Ihnen die Suche nach weiteren Beispielen und begnüge mich hier mit einem Hinweis auf Emily Dickinson, bei der so viele zu finden sind, wie wir uns nur wünschen können:

> A sepal, petal and a thorn
> Upon a common summer's morn –
> A flask of Dew – a Bee or two –
> A Breeze – a caper in the trees –
> And I'm a Rose!

> Ein Kelchblatt, Kronblatt und ein Dorn
> An einem gewöhnlichen Sommermorgen –
> Ein Gläschen Tau – ein Bienchen oder zwei –
> Ein Windstoß – ein Rascheln im Gezweig –
> Und ich bin eine Rose!

Zweitens die Wiedergabe eines Gedankengangs oder eines psychologischen Vorgangs, in dem subtile, unmerkliche Elemente am Werk sind, oder auch jede Art von Beschreibung, die einen hohen Abstraktionsgrad enthält. Hier können wir es auf der Suche nach einem moderneren Beispiel bei Henry James probieren, sogar indem wir aufs Geratewohl irgendeines seiner Bücher aufschlagen:

> It was as if these depths, constantly bridged over by a structure that was firm enough in spite of its lightness and of its occasional oscillation in the somewhat vertiginous air, invited on occasion, in the interest of their nerves, a dropping of the plummet and a mesurement of the

abyss. A difference had been made moreover, once for all, by the fact that she had, all the while, not appeared to feel the need of rebutting his charge of an idea within her that she didn't dare to express, uttered just before one of the fullest of their later discussions ended. (*The Beast in the Jungle*, Kap. 3)

Es war, als ob diese Tiefen, ständig überbrückt durch eine Konstruktion, die fest genug war trotz ihrer Leichtigkeit und ihres gelegentlichen Schwankens in der etwas schwindelig machenden Luft, sie ab und zu aufforderte, im Interesse ihrer Nerven das Senkblei hinabzulassen und den Abgrund auszuloten. Eine Differenz war zudem ein für allemal dadurch gesetzt worden, daß sie [May] es die ganze Zeit nicht für nötig zu halten schien, jenen Vorwurf zurückzuweisen, sie habe eine Idee, die sie nicht zu äußern wage, den er [Marcher] ihr am Ende einer der offensten ihrer letzten Diskusionen gemacht hatte.

Drittens ein visuelles Bild von Leichtigkeit, das einen emblematischen Wert bekommt, wie in der Novelle von Boccaccio, wenn Cavalcanti mit seinen schmächtigen Beinen über den Grabstein springt.

Es gibt literarische Erfindungen, die sich dem Gedächtnis eher durch ihre verbalen Implikationen als durch ihre realen Worte einprägen. Die Szene, in der Don Quijote seine Lanze in einen Flügel der Windmühle bohrt und mit ihr in die Luft hochgerissen wird, nimmt in Cervantes' Roman nur wenige Zeilen ein; man kann sagen, der Autor hat nur einen winzigen Teil seiner Ressourcen in sie investiert. Trotzdem bleibt sie eine der berühmtesten Stellen der Literatur aller Zeiten.

Ich denke, mit diesen Angaben kann ich nun daran gehen, die Bücher meiner Bibliothek nach weiteren Beispielen für Leichtigkeit durchzublättern. Bei Shakespeare suche ich gleich an der Stelle, wo Mercutio, Romeos Freund, das erste Mal auftritt (I, 4). »You are a lover«, sagt er zu Romeo; »borrow Cupid's wings / and soar with them above a common bound« (Ihr seid ein Liebender: borgt Amors Flügel / Und schwebet frei in ungewohnten Höh'n*). Mercutio widerspricht Romeo sofort, als ihm dieser erwidert: »Under love's heavy burden do I sink« (Ich sinke unter schwerer Liebeslast). Die Art, wie Mercutio sich in der Welt bewegt, definiert sich gleich durch die ersten Verben, die er benutzt: *to dance, to soar, to prick* – tanzen, schweben und stechen. Das menschliche Antlitz ist ihm eine Maske, *a visor*. Kaum ist er aufgetreten, hat er schon das Bedürfnis, seine Philosophie darzulegen, aber nicht mit einem theoretischen Diskurs, sondern indem er einen Traum erzählt: den Traum von *Queen Mab, the fairies' midwife* (»der Feenwelt Entbinderin«), deren Kutsche »eine leere Haselnuß« ist, und von der es weiter heißt:

> Her waggon-spokes made of long spinners' legs,
> The cover, of the wings of grasshoppers;
> Her traces, of the smallest spider's web;
> Her collars, of the moonshine's wat'ry beams;
> Her whip, of cricket's bone; the lash, of film ...

> Aus Spinnenbein sind ihrer Räder Speichen,
> Ihr Wagenplan besteht aus Heuschreckflügeln,

> Ihr Zaumzeug ist aus feinstem Spinnenweb,
> Und ihr Geschirr aus wasserhellem Mondstrahl,
> Aus Grillenknochen ist ihr Peitschengriff,
> Die Peitschenschnur Altweibersommerfaden ...**

* Nach der Übersetzung von Schlegel und Tieck.
** Nach der Übersetzung von Erich Fried.

Und vergessen wir nicht, daß diese Kutsche von einem »team of little atomies«, einem »Gespann kleiner Atome« gezogen wird – ein entscheidendes Detail, scheint mir, durch das der Traum von der Königin Mab in die Lage versetzt wird, Lukrezischen Atomismus, Neuplatonismus der Renaissance und *celtic-lore* zu verschmelzen.

Auch den tänzelnden Gang des Mercutio würde ich gern ins nächste Jahrtausend mitnehmen. Das Zeitalter, das den Hintergrund für *Romeo und Julia* abgibt, ist in mancher Hinsicht dem unseren ähnlich: die Städte durchzogen von blutigen Kämpfen, die nicht weniger sinnlos als die zwischen den Montague und den Capulet sind; eine sexuelle Befreiung, wie sie von Julias Amme gepredigt wird, ohne jedoch zum allgemeinen Vorbild der Liebe werden zu können; Experimente, wie sie der Franziskanerbruder Lorenzo im großherzigen Optimismus seiner »Naturphilosophie« durchführt, bei denen man aber nie sicher ist, ob sie dem Leben oder dem Tod dienen werden.

Das Zeitalter Shakespeares kennt die ätherischen Kraftströme, die den Makro- und den Mikrokosmos verbinden, vom neuplatonischen Firmament bis hinab zu den Geistern der Metalle, die sich in den Schmelztiegeln der Alchimisten verwandeln. Die klassischen Mythologien mögen ihr Repertoire an Nymphen und Dryaden liefern, aber die keltischen Mythologien sind gewiß reicher an Bildern subtilster Naturkräfte mit ihren Elfen und Feen. Dieser kulturelle Hintergrund – ich denke natürlich an die faszinierenden Studien von Frances A. Yates über die okkulte Philosophie der Renaissance und ihr Echo in der Literatur – erklärt, warum bei Shakespeare die reichste Beispielsammlung für mein Thema zu finden ist. Und dabei denke ich nicht nur an Puck und die ganze Phantasmagorie des *Mittsommernachtstraums* oder an Ariel und all jene Gestalten »aus dem Stoff, aus dem die Träume sind«, sondern ich denke vor allem an jene eigentümliche lyrische und existentielle Modulation, die es erlaubt, das eigene Drama wie von außen zu betrachten und es in Melancholie und Ironie aufzulösen.

Der schwerelose Ernst, von dem ich bei Cavalcanti gesprochen habe, taucht von neuem in der Epoche Shakespeares und Cervantes' auf; er ist jener eigentümliche Zusammenhang von Melancholie und Humor, den Klibansky, Panofsky und Saxl in ihrem Buch *Saturn and Melancholy* untersucht haben. Wie Melancholie die leicht gewordene Traurigkeit ist, so ist Humor das Komische, das seine körperliche Schwere verloren hat (jene Dimension der menschlichen Fleischlichkeit, die auf der anderen Seite Boccaccios und Rabelais' Größe ausmacht), womit es das Ich und die Welt und das ganze sie konstituierende Beziehungsgeflecht in Zweifel zieht.

Melancholie und Humor, untrennbar miteinander verbunden, charakterisieren jenen besonderen Akzent des Prinzen von Dänemark, den wir in nahezu allen Dramen Shakespeares auf den Lippen der zahlreichen *avatars* von Hamlet zu erkennen gelernt haben. Einer von ihnen, der Edelmann Jaques in *Wie es euch gefällt*, definiert die Melancholie folgendermaßen (IV, 1):

... it is a melancholy of my own, compounded of many simples, extracted from many objects, and indeed the sundry contemplation of my travels, which, by often rumination, wraps me in a most humorous sadness.

... es ist eine Melancholie nach meiner Weise, aus mancherlei Ingredienzen bereitet, von mancherlei Gegenständen abgezogen und wirklich die gesamte Betrachtung meiner Reisen, deren öftere Überlegung mich in eine höchst launische Betrübnis einhüllt.*

* Nach der Übersetzung von Schlegel und Tieck.

Also keine kompakte, opake Melancholie, sondern ein Schleier aus winzigen Stimmungs- und Gefühlspartikeln, eine Staubwolke von Atomen wie alles, was in der Vielfalt der Dinge letztlich die Substanz ausmacht.

Ich gestehe, daß die Versuchung, mir einen Shakespeare als Nachfolger des Lukrezischen Atomismus zu konstruieren, sehr stark ist, aber ich weiß, daß es willkürlich wäre. Den ersten Schriftsteller der Neuzeit, der sich ausdrücklich zu einer atomistischen Konzeption des Universums in seiner phantastischen Überhöhung bekennt, finden wir erst einige Jahre später in Frankreich: Cyrano de Bergerac.

Ein außergewöhnlicher Autor, dieser Cyrano, der mehr Bekanntheit verdiente, nicht nur als erster echter Vorläufer der Science-fiction, sondern auch wegen seiner intellektuellen und poetischen Qualitäten. Als Anhänger der Sinnenlehre Gassendis und der Astronomie des Kopernikus, vor allem aber genährt von der »Naturphilosophie« der italienischen Renaissance – Cardano, Bruno, Campanella –, ist Cyrano der erste Dichter des Atomismus in der neuzeitlichen Literatur. In Passagen, deren Ironie nicht verbergen kann, daß er vom Kosmos zutiefst ergriffen ist, feiert Cyrano die Einheit aller Dinge, der unbelebten wie der belebten, preist das kombinatorische Wechselspiel elementarer Figuren, das die Vielfalt der Lebensformen bestimmt, und macht vor allem deutlich, wie prekär deren Entstehungsprozesse waren, mit anderen Worten: wie wenig daran gefehlt hat, daß der Mensch nicht Mensch geworden wäre, das Leben nicht Leben und die Welt nicht Welt:

Vous vous étonnez comme cette matière, brouillée pêle-mêle, au gré du hasard, peut avoir constitué un homme, vu qu'il y avait tant de choses nécessaires à la construction de son être, mais vous ne savez pas que cent millions de fois cette matière, s'acheminant au dessein d'un homme, s'est arrêtée à former tantôt une pierre, tantôt du plomb, tantôt du corail, tantôt une fleur, tantôt une comète, pour le trop ou trop peu de certaines figures qu'il fallait ou ne fallait pas à désigner un homme? Si bien que ce n'est pas merveille qu'entre une infinie quantité de matière qui change et se remue incessamment, elle ait rencontré à faire le peu d'animaux, de végétaux, de minéraux que nous voyons; non plus que ce n'est pas merveille qu'en cent coups de dés il arrive une rafle. Aussi bien est-il impossible que de ce remuement il ne se fasse quelque chose, et cette chose sera toujours admirée d'un étourdi qui ne saura pas combien peu s'en est fallu qu'elle n'ait pas été faite. (*Voyage dans la lune*, 1661)

Ihr wundert euch, wie diese Materie, aufs Geratewohl zusammengerührt, hat einen Menschen ergeben können, bedenkt man, was alles zum Bau seines Wesens notwendig gewesen war, aber ihr wißt nicht, daß diese Materie hundertmillionenmal auf ihrem Wege zur menschlichen Form innegehalten hat, um bald einen Stein zu formen, bald Blei, bald Korallen, bald eine Blume, bald einen Kometen, je nach dem Zuviel oder Zuwenig an bestimmten Figuren, deren es bedurfte oder nicht bedurfte, um einen Menschen zu entwerfen. So daß es kein Wunder ist, wenn sie es fertiggebracht hat, aus einer unendlichen Menge von Materie, die unaufhörlich im Wandel und in Bewegung ist, die paar Tiere, Pflanzen und Minerale zu formen, die wir sehen; sowenig es ein Wunder ist, wenn beim Würfeln auf hundert Würfe ein Pasch kommt. Ja, es ist geradezu unmöglich, daß aus all diesem Hin und Her nicht irgend etwas entsteht, und dieses Etwas wird stets von irgendeinem Schwachkopf bewundert werden, der nicht weiß, wie wenig daran gefehlt hat, daß es nicht entstanden wäre.

Auf diese Weise gelangt Cyrano dazu, die Bruderschaft der Menschen mit den Kohlköpfen auszurufen, und so stellt er sich den Protest eines Kohlkopfes vor, der gerade abgeschnitten werden soll:

»Homme, mon cher frère, que t'ai-je fait qui mérite la mort? (...) Je me lève de terre, je m'épanouis, je te tends les bras, je t'offre mes enfants en graine, et pour récompense de ma courtoisie, tu me fais trancher la tête!«

»Mensch, lieber Bruder, was habe ich dir getan, das den Tod verdient? (...) Ich erhebe mich aus der Erde, ich erblühe, ich strecke dir die Arme entgegen, ich biete dir meine Kinder als Samen, und zum Dank für meine Höflichkeit schneidest du mir den Kopf ab!«

Wenn wir bedenken, daß dieser Appell zu einer wahrhaft universalen Brüderlichkeit fast anderthalb Jahrhunderte vor der Französischen Revolution geschrieben worden ist, dann sehen wir, wie die Langsamkeit, mit der das menschliche Bewußtsein aus seinem anthropozentrischen *parochialism* heraustritt, in einem einzigen Augenblick durch die poetische Erfindung annulliert werden kann. Und das alles im Kontext einer Reise zum Mond, auf der Cyrano de Bergerac seine berühmtesten Vorläufer, Lukian von Samosata und Ariost, an Phantasie übertrifft. In meiner Abhandlung über die Leichtigkeit figuriert Cyrano vor allem wegen der Art, wie er – vor Newton – das Problem der universalen Gravitation wahrnimmt; oder besser gesagt, es ist das Problem, sich der Schwerkraft zu entziehen, das seine Phantasie derart anstachelt, daß er eine ganze Serie von Methoden erfindet, um auf den Mond zu gelangen, eine immer einfallsreicher als die andere – zum Beispiel mit Hilfe von Fläschchen voller Tau, der in der Sonne verdampft; oder indem man sich mit Rindermark beschmiert, das gewöhnlich vom Mond aufgesogen wird; oder indem man einen magnetisierten Ball wiederholt von einem kleinen Boot aus senkrecht in die Luft wirft.

Was die Technik mit dem Magneten betrifft, so wird sie später von Jonathan Swift weiterentwickelt und perfektioniert, um die fliegende Insel Laputa in der Luft zu halten. Es ist dies ein Moment, das Auftauchen der fliegenden Insel, in dem es scheint, als ob die beiden Obsessionen von Swift sich in einem magischen Gleichgewicht gegenseitig annullierten: die unkörperliche Abstraktion des Rationalismus, gegen die er seine Satire richtet, und das materielle Gewicht der Körperlichkeit.

> ... and I could see the sides of it, encompassed with several gradations of Galleries and Stairs, at certain intervals, to descend from one to the other. In the lowest Gallery I beheld some People fishing with long Angling Rods, and others looking on. (*Gullivers Reisen* III, 1)
>
> ... und ich konnte ihre Seiten sehen, umgeben mit mehreren Reihen von Galerien und Treppen in bestimmten Abständen, um von der einen zur anderen hinunterzusteigen. In der untersten Galerie sah ich Leute, die mit langen Angelruten fischten, und andere, die zusahen.

Swift ist ein Zeitgenosse und Gegner Newtons. Voltaire ist ein Newton-Bewunderer, und er denkt sich einen Riesen aus, Micromégas genannt, der anders als die Riesen bei Swift nicht durch seine Körperlichkeit definiert ist, sondern durch in Zahlen ausgedrückte Dimensionen, durch räumliche und zeitliche Eigenschaften, die in den strengen und leidenschaftslosen Termini der wissenschaftlichen Traktate ausgedrückt werden. Kraft dieser Logik und dieses Stils gelingt es dem Micromégas, im Weltraum vom Sirius zum Saturn und zur Erde zu reisen. Man möchte meinen, was in Newtons Theorien die literarische Phantasie anregt, ist nicht die Konditionierung aller Dinge und Wesen durch die Unvermeidlichkeit ihrer Schwere, sondern das Gleichgewicht der Kräfte, das es den Himmelskörpern erlaubt, im Raum zu schweben.

Die Phantasie des achtzehnten Jahrhunderts ist reich an Figuren, die in der Luft schweben. Nicht umsonst hatte Antoine Gallands französische Übersetzung von *Tausendundeiner Nacht* zu Beginn des Jahrhunderts der abendländischen Phantasie die Horizonte des wundersamen Morgenlandes eröffnet: fliegende Teppiche, fliegende Pferde, aus Lampen aufsteigende Geister.

In seinem Drang, die Phantasie über alle Grenzen zu treiben, erreicht das Jahrhundert den Höhepunkt mit dem Flug des Barons von Münchhausen auf einer Kanonenkugel, ein Bild, das sich in unserem Gedächtnis für immer mit der meisterhaften Illustration von Gustave Doré verbindet. Münchhausens Abenteuer, von denen man wie bei *Tausendundeiner Nacht* nicht weiß, ob sie einen oder viele oder keinen Autor gehabt haben, sind eine einzige permanente Herausforderung der Schwerkraftgesetze: der Baron wird von Enten im Fluge entführt, zieht sich mitsamt seinem Pferd am eigenen Perückenzopf aus dem Sumpf, klettert an einem Seil vom Mond herunter, wobei er das Seil unterwegs mehrere Male abschneidet und neu zusammenknotet.

Diese Bilder der populären Literatur begleiten, zusammen mit den zitierten der »hohen« Literatur, den literarischen Widerhall der Newtonschen Theorien. Giacomo Leopardi hat als Fünfzehnjähriger eine erstaunlich gelehrte Geschichte der Astronomie geschrieben, in der er auch Newtons Theorien abhandelt. Die Betrachtung des Nachthimmels, die Leopardi zu seinen schönsten Versen anregen sollte, war nicht nur ein lyrisches Motiv; wenn er vom Mond sprach, wußte er sehr genau, wovon er sprach.

In seinem ununterbrochenen Räsonnement über die unerträgliche Schwere des Lebens faßt Leopardi das unerreichbare Glück in Bilder der Leichtigkeit – die Vögel am Himmel, die Stimme einer singenden Frau an einem offenen Fenster, die Durchsichtigkeit der Luft und vor allem der Mond.

Sobald der Mond in den Versen der Dichter auftaucht, hat er seit jeher die Macht, ein Gefühl von Leichtigkeit zu vermitteln, von gewichtlosem Schweben, von stillem und ruhigem Zauber. Ursprünglich wollte ich diese Vorlesung ganz dem Mond in der Dichtung widmen, sein Auftreten durch die Literaturen aller Länder und Zeiten verfolgen. Dann beschloß ich, daß der Mond ganz Leopardi überlassen bleiben muß. Denn das Wunder in Leopardis Dichtung ist, daß er die Sprache von aller Schwere befreit hat, so daß sie schließlich dem Mondlicht ähnlich geworden ist. Die zahlreichen Auftritte des Mondes in Leopardis Gedichten füllen jeweils nur wenige Zeilen, genügen aber, um die ganze Komposition im Mondlicht erstrahlen zu lassen oder den Schatten seiner Abwesenheit auf sie zu werfen:

> Dolce e chiara è la notte e senza vento,
> e queta sovra i tetti e in mezzo agli orti
> posa la luna, e di lontan rivela
> serena ogni montagna.
> . . .
>
> O graziosa luna, io mi rammento
> che, or volge l'anno, sovra questo colle
> io venia pien d'angoscia a rimirarti:
> e tu pendevi allor su quella selva
> siccome or fai, che tutta la rischiari.
> . . .
>
> O cara luna, al cui tranquillo raggio
> danzan le lepri nelle selve...
> . . .

Già tutta l'aria imbruna,
torna azzurro il sereno, e tornan l'ombre
giù da' colli e da' tetti,
al biancheggiar della recente luna.
  . . .
Che fai tu, luna, in ciel? dimmi, che fai,
silenziosa luna?
Sorgi la sera, e vai,
contemplando i deserti; indi ti posi.

———

Mild und klar ist die Nacht ohne Wind,
und still über den Dächern und inmitten der Gärten
ruhet der Mond, und ferne enthüllt er
heiter jeden einzelnen Berg.
  . . .
O anmutiger Mond, ich entsinne mich,
daß heute vor einem Jahr auf diesen Hügel
ich voller Sorge kam, dich wiederzusehn:
und damals hingest du über dem Walde
wie jetzt, da du ihn gänzlich erhellest.
  . . .
O teurer Mond, unter dessen ruhigem Strahl
die Hasen tanzen in den Wäldern...
  . . .
Schon dunkelt die ganze Luft,
wieder blau wird das Heitere, wiederkehren die Schatten
herab von den Hügeln und von den Dächern
im weißen Leuchten des jungen Mondes.
  . . .
Was tust du, Mond, am Himmel? Sag an, was tust du,
schweigender Mond?
Gehst auf am Abend und ziehst dahin,
die Wüsten betrachtend, und gehst wieder unter.

Habe ich zu viele Fäden in meinem Knäuel verflochten? An welchem muß ich ziehen, um einen vernünftigen Schluß in die Hand zu bekommen? Da ist der Faden, der den Mond und Leopardi mit Newton, der Gravitation und der Levitation verbindet... Da ist der Faden, der von Lukrez und dem Atomismus über Cavalcantis Philosophie der Liebe zur Magie der Renaissance und zu Cyrano führt. Dann der Faden der Schrift als Metapher für die staubförmige Substanz der Welt: schon für Lukrez waren die Buchstaben Atome in permanenter Bewegung, die durch ihre Permutationen die verschiedensten Wörter und Laute erzeugten, ein Gedanke, den eine lange Tradition von Denkern aufgreifen sollte, für die sich die Geheimnisse der Welt in der Kombinatorik der Schriftzeichen fanden – ich denke an die *Ars Magna* von Ramón Llull, an die Kabbala der spanischen Rabbiner und die von Pico della Mirandola. Auch Galileo sah im Alphabet das Modell jeder Kombinatorik kleinster Einheiten... Dann Leibniz...

Soll ich diesen Weg einschlagen? Aber wird der dann zu erwartende Schluß nicht zu abgedroschen klingen? Die Schrift als Modell aller Vorgänge in der Realität... ja, als einzige erkennbare Realität... ja, als einzige Realität überhaupt... Nein, ich werde mich nicht auf dieses obligate Gleis begeben, es brächte mich zu weit ab vom Gebrauch des Wortes, wie ich ihn verstehe, nämlich als unentwegte Verfolgung der Dinge, als ständige Anpassung an ihre unendliche Vielfalt.

Bleibt also der Faden, den ich am Anfang aufzudröseln begonnen hatte: die Literatur als existentielle Aufgabe, die Suche nach Leichtigkeit als Reaktion auf die Schwere des Lebens. Vielleicht war auch Lukrez, vielleicht war auch Ovid von diesem Bedürfnis getrieben: Lukrez, der die epikureische Unerschütterlichkeit suchte (oder zu suchen glaubte), Ovid, der die pythagoreische Wiedergeburt in anderen Lebensformen suchte (oder zu suchen glaubte).

Da ich gewohnt bin, die Literatur als Suche nach Erkenntnis zu betrachten, muß ich, um mich auf existentiellem Terrain bewegen zu können, dieses als ein Gebiet betrachten, das sich auf die Anthropologie, die Ethnologie und die Mythologie erstreckt.

Auf die existentiellen Gefährdungen des Stammes – Dürre, Krankheiten, böse Einflüsse – reagierte der Schamane, indem er das Gewicht seines Körpers negierte, sich in die Luft erhob und fliegend in eine andere Welt begab, auf eine andere Stufe der Wahrnehmung, wo er die nötigen Kräfte finden konnte, um die Realität zu verändern. In Epochen und Zivilisationen, die uns näherstehen, flogen nachts in den Dörfern, wo die Frauen das schwerste Gewicht eines von Zwängen umstellten Lebens zu tragen hatten, Hexen auf Besenstielen und noch leichteren Vehikeln wie Ähren oder Strohhalmen durch die Luft. Bevor sie von der Inquisition verfolgt und ausgegrenzt wurden, gehörten diese Visionen zur populären Vorstellungswelt, oder sagen wir ruhig: zur Lebenswelt. Ich glaube, dieser Zusammenhang von ersehnter Levitation und erlittener Privation ist eine anthropologische Konstante. Und ebendiese Konstante, dieser anthropologische Grundzug, wird von der Literatur perpetuiert.

Zunächst von der mündlichen Literatur: in den Märchen ist der Flug in eine andere Welt ein oft wiederholtes Motiv. Unter den »Funktionen«, die Propp in seiner *Morphologie des Märchens* aufgelistet hat, ist er eine der Formen jener »Versetzung des Helden«, von der es heißt: »Gewöhnlich befindet sich das gesuchte Objekt in einem ›anderen Reich‹, das sich entweder in horizontaler oder vertikaler Richtung sehr weit entfernt befinden kann.« Im Anschluß daran gibt Propp eine Reihe von Beispielen für den unter Punkt 1 aufgeführten Fall »*Der Held fliegt durch die Luft*«: »auf einem Roß, auf einem Vogel, in Gestalt eines Vogels, auf einem fliegenden Schiff, auf einem fliegenden

Teppich, auf den Schultern eines Riesen oder Geistes, in der Kutsche des Teufels usw.«*

Es scheint mir nicht zu weit hergeholt, diese Schamanen- oder Hexenfunktion, wie sie von der Ethnologie und der Volkskunde dokumentiert worden ist, in einen Zusammenhang mit der literarischen Bilderwelt zu bringen; im Gegenteil, ich denke, daß die in jeder literarischen Operation enthaltene tiefere Ratio in den anthropologischen Notwendigkeiten zu suchen ist, denen sie entspricht.

Lassen Sie mich diese Vorlesung mit einem Hinweis auf die Kafka-Erzählung *Der Kübelreiter* beenden. Es handelt sich um eine kurze Erzählung in der ersten Person, geschrieben 1917, deren Ausgangspunkt offenbar eine reale Situation in jenem schlimmen Kriegswinter war, dem schlimmsten für die Habsburgermonarchie: der Kohlenmangel. Der Ich-Erzähler zieht mit dem leeren Kübel los auf der Suche nach Kohlen für seinen Ofen. Auf der Straße nimmt er den Kübel als Reittier, ja er wird von dem Kübel »bis zur Höhe der ersten Stockwerke gehoben« und reitet schwankend auf ihm wie auf dem Buckel eines Kamels.

Der Laden des Kohlenhändlers liegt im Kellergeschoß, und der Kübelreiter ist zu hoch oben; er hat Mühe, sich dem Manne verständlich zu machen, der schon bereit wäre, ihn zu bedienen, doch seine Frau will nichts hören. Der Kübelreiter bittet die beiden inständig, ihm doch wenigstens eine Schaufel Kohle zu geben, »eine Schaufel von der schlechtesten«, auch wenn er »nicht gleich bezahlen« könne. Die Frau des Kohlenhändlers bindet sich die Schürze ab und verjagt mit ihr den Bittsteller, wie man eine Fliege verjagt. Und der Kübel ist so leicht, daß er mit seinem Reiter davonfliegt, und so »steige ich in die Regionen der Eisgebirge und verliere mich auf Nimmerwiedersehen«.

---

* Vladimir Propp, *Morphologie des Märchens*, München 1968, S. 52f.

Viele von Kafkas kurzen Erzählungen sind mysteriös, und diese ist es besonders. Vielleicht wollte Kafka ja nur erzählen, daß die Suche nach ein bißchen Kohle, in einer kalten Winternacht während des Krieges, durch das bloße Schwenken des leeren Kübels zur Gralssuche eines fahrenden Ritters, zur Wüstendurchquerung einer Karawane, zum magischen Flug werden kann. Aber die Idee dieses leeren Kübels, der seinen Träger so hoch über das Niveau hebt, auf dem man Hilfe wie auch den Egoismus der anderen findet, dieser leere Kübel als Zeichen der Privation, des Verlangens und der Suche, der uns so hoch emporhebt, daß unsere bescheidene Bitte nicht mehr erfüllt werden kann – das gibt Anstoß zu endloser Reflexion.

Ich habe von Schamanen und Märchenhelden gesprochen, von der erlittenen Privation, die sich in Leichtigkeit verwandelt und den Flug in jenes Reich ermöglicht, in dem man für jeden Mangel auf magische Weise entschädigt wird. Ich habe von den Hexen gesprochen, die auf simplen Haushaltsgeräten, wie es auch ein Kohleneimer sein kann, durch die Luft fliegen. Aber der Held der zitierten Kafka-Erzählung scheint weder über Schamanen- noch Hexenkünste zu verfügen; und das Land hinter den Eisgebirgen scheint auch nicht gerade jenes zu sein, in dem der leere Kübel etwas findet, womit er sich füllen kann – zumal er ja, wenn er voll wäre, nicht mehr fliegen könnte. So nähern wir uns auf unserem Kübel reitend dem neuen Jahrtausend, ohne Hoffnung, dort mehr vorzufinden als das, was wir selber dort hinzubringen vermögen. Beispielsweise die Leichtigkeit, deren Werte ich hier zu illustrieren versucht habe.

2

SCHNELLIGKEIT

Ich möchte Ihnen zunächst eine alte Legende erzählen.

In fortgeschrittenem Alter verliebte sich Karl der Große in ein deutsches Mädchen. Die Paladine an seinem Hofe waren sehr besorgt, als sie sahen, daß der Kaiser in seinem Liebesverlangen seine Herrscherwürde vergaß und die Angelegenheiten des Reiches vernachlässigte. Als das Mädchen überraschend starb, seufzten die Würdenträger erleichtert auf; aber nicht für lange, denn des Kaisers Liebe starb nicht mit seiner Geliebten. Er ließ die einbalsamierte Leiche in seine Schlafkammer bringen und wollte sich nicht von ihr trennen. Erzbischof Turpin, entsetzt über diese makabre Leidenschaft, argwöhnte einen Zauber und wollte die Leiche untersuchen. Versteckt unter der toten Zunge fand sich ein Ring mit einem Edelstein. Kaum hatte Turpin den Ring in der Hand, beeilte sich Karl der Große, die Leiche begraben zu lassen, und entbrannte in Liebe zu dem Erzbischof. Um der peinlichen Situation zu entgehen, warf Turpin den Ring in den Bodensee. Da verliebte der Kaiser sich in den See und wollte sein Ufer nicht mehr verlassen.

Diese Legende, »entnommen einem Buch über Zauberei«, wird noch knapper, als ich es hier getan habe, in einem unveröffentlichten Notizbuch des französischen Romantikers Barbey d'Aurevilly referiert (nachzulesen in den

Anmerkungen zur Pléiade-Ausgabe der Werke Barbey d'Aurevillys, I, S. 1315). Seit ich die Geschichte gelesen habe, ist sie mir immer wieder durch den Kopf gegangen, als wirke der Zauber des Ringes in der Erzählung fort.

Versuchen wir uns zu erklären, aus welchen Gründen eine solche Geschichte uns so faszinieren kann. Was wir haben, ist eine Abfolge von Ereignissen, alle außerhalb der Norm, die sich eins ins andere verketten: die Liebe eines alten Mannes zu einem jungen Mädchen, eine nekrophile Obsession, eine homosexuelle Neigung, und am Ende beruhigt sich alles in einer melancholischen Kontemplation – der alte Kaiser, versunken in den Anblick des Sees. »Charlemagne, la vue attachée sur son lac de Constance, amoureux de l'abîme caché« (Karl der Große, den Blick geheftet auf seinen Bodensee, verliebt in den verborgenen Abgrund), schreibt Barbey d'Aurevilly an der Stelle seines Romans *Une vieille maîtresse* (S. 221), auf welche sich die Anmerkung bezieht, in der die Legende berichtet wird.

Zusammengehalten wird diese Ereigniskette durch das Wort »Liebe« oder »Leidenschaft«, das eine Kontinuität zwischen den verschiedenen Formen von Anziehung herstellt, und durch ein narratives Bindeglied, den Zauberring, der zwischen den verschiedenen Episoden ein logisches Verhältnis von Ursache und Wirkung herstellt. Das Verlangen nach einem nicht existierenden Gegenstand, einer Abwesenheit, einem Mangel, symbolisiert durch den leeren Kreis des Ringes, wird mehr durch den Rhythmus der Erzählung als durch die erzählten Tatsachen wiedergegeben. So wie die ganze Erzählung von einem Gefühl des Todes durchzogen ist, mit dem Karl der Große fieberhaft zu ringen scheint, indem er sich an die Bande des Lebens klammert, bis das Fieber sich in der Betrachtung des Sees allmählich legt.

Der wahre Protagonist der Erzählung ist jedoch der magische Ring, denn seine Bewegungen sind bestimmend für die Bewegungen der Personen, und er ist es, der die Beziehungen zwischen ihnen herstellt. Um den magischen Gegenstand bildet sich so etwas wie ein Kraftfeld, das den Raum der Erzählung ausmacht. Wir können sagen, der magische Gegenstand ist ein wiedererkennbares Zeichen, das die inneren Verbindungen zwischen Personen oder Begebenheiten sichtbar macht: eine narrative Funktion, deren Geschichte wir in den nordischen Sagen und in den mittelalterlichen Ritterromanen nachgehen könnten und die auch in den italienischen Epen der Renaissance noch auftaucht. In Ariosts *Orlando furioso* haben wir eine endlose Reihe von Tauschakten, in denen Schwerter, Schilde, Helme, Pferde getauscht werden, die jeweils eine besonderen Eigenschaft haben, so daß sich der Handlungsverlauf beschreiben ließe durch die Besitzerwechsel einer Anzahl von Gegenständen, die mit bestimmten Kräften begabt sind, welche die Beziehungen zwischen einer bestimmten Anzahl von Personen determinieren.

Im realistisch-bürgerlichen Roman wird Mambrinos Helm zur Schüssel eines Barbiers, verliert aber dadurch weder an Wichtigkeit noch an Bedeutung; ebenso wird allen Gegenständen, die Robinson Crusoe aus dem havarierten Schiff retten kann, sowie denen, die er mit seinen Händen herstellt, größte Wichtigkeit beigemessen. Ich würde sagen, sobald in einer Erzählung ein Gegenstand auftaucht, lädt er sich mit einer besonderen Kraft auf, wird gewissermaßen Pol eines Magnetfeldes, ein Knoten in einem Netz von unsichtbaren Beziehungen. Die Symbolik eines Gegenstandes kann mehr oder weniger deutlich ausgeprägt sein, vorhanden ist sie immer. Wir könnten geradezu sagen, in einer Erzählung ist ein Gegenstand immer ein magischer Gegenstand.

Um auf die Legende von Karl dem Großen zurückzukommen – sie hat in Italien eine literarische Tradition. Petrarca berichtet in seinen *Lettere familiari* (I, 4), er habe diese

»nicht uncharmante kleine Geschichte« (*fabella non inamena*), die er jedoch nicht glaube, bei einem Besuch am Grab Karls des Großen in Aachen gehört. In Petrarcas lateinischer Version ist die Erzählung sehr viel reicher an Details und an Reizen (so fühlt der Bischof von Köln, einem himmlischen Zeichen gehorchend, der Leiche mit dem Finger »unter der kalten und starren Zunge«, *sub gelida rigentique lingua*) sowie auch an moralischen Kommentaren, aber ich finde die karge Zusammenfassung viel suggestiver, da in ihr alles der Einbildungskraft überlassen bleibt und die Schnelligkeit, mit der die Ereignisse aufeinander folgen, ein Gefühl von Unausweichlichkeit hervorruft.

Die Geschichte taucht dann im blumigen Italienisch des sechzehnten Jahrhunderts wieder auf, in verschiedenen Fassungen, wobei der nekrophile Aspekt die meiste Ausgestaltung erfährt. Sebastiano Erizzo, ein venezianischer Novellist, läßt Karl den Großen, während er mit der Toten im Bett liegt, sogar eine mehrere Seiten lange Wehklage sprechen. Dafür wird der homosexuelle Aspekt der kaiserlichen Leidenschaft für den Erzbischof nur angedeutet oder ganz unterdrückt, wie in einem der berühmtesten Liebestraktate des sechzehnten Jahrhunderts, dem von Giuseppe Betussi, wo die Geschichte mit dem Wiederauffinden des Ringes endet. Was den Schluß angeht, so ist bei Petrarca und seinen italienischen Nachfolgern keine Rede vom Bodensee, da sich bei ihnen die ganze Geschichte in Aachen abspielt (wo die Legende den Ursprung der von Karl dem Großen errichteten Burg und Kirche erklären sollte); der Ring wird in einen Sumpf geworfen, dessen Modergeruch der Kaiser wie einen köstlichen Duft einatmet, während er sich »mit großer Lust der Gewässer bedient« (hier verknüpft sich die Erzählung mit anderen lokalen Legenden über den Ursprung der Thermalquellen), lauter Einzelheiten, die das Moment der Todesnähe des Ganzen noch unterstreichen.

Schon vorher hatte es mittelalterliche Traditionen in Deutschland gegeben, die von Gaston Paris untersucht worden sind. Sie behandeln die Liebe Karls des Großen zu der toten Frau mit Varianten, die eine ganz andere Geschichte daraus machen: einmal ist die Geliebte die legitime Gemahlin des Kaisers, die sich mit dem Zauberring seiner Treue versichert, ein andermal ist sie eine Fee oder Nymphe, die stirbt, sobald ihr der Ring weggenommen wird, ein drittes Mal ist sie eine Frau, die lebendig zu sein scheint, sich aber, als man ihr den Ring abnimmt, als Tote erweist. Am Ursprung steht vermutlich eine skandinavische Saga: König Harald von Norwegen schläft mit seiner toten Gemahlin, die in einen Zaubermantel gehüllt ist, der ihr das Aussehen einer Lebenden verleiht.

Kurzum, in den mittelalterlichen Versionen, die Gaston Paris gesammelt hat, fehlt die Verkettung der Ereignisse, und in den literarischen Versionen Petrarcas und der italienischen Renaissance-Autoren fehlt die Schnelligkeit. Deshalb ziehe ich weiterhin die von Barbey d'Aurevilly überlieferte Version vor, trotz ihrer etwas *patched-up* wirkenden Roheit. Ihr Geheimnis liegt in der Ökonomie des Erzählens: die Ereignisse werden unabhängig von ihrer Dauer punktförmig, und diese Punkte werden miteinander durch gerade Linien verbunden in einem Zickzackmuster, das einer pausenlosen Bewegung entspricht.

Damit will ich nicht sagen, daß Schnelligkeit ein Wert an sich sei. Das Erzähltempo kann auch retardierend sein oder zyklisch oder immobil. In jedem Fall ist das Erzählen eine Operation an der zeitlichen Dauer, ein Zauber, der auf den Verlauf der Zeit einwirkt, indem er ihn zusammenzieht oder dehnt. Sizilianische Märchenerzähler benutzen die Formel: »lu cuntu nun metti tempu« [etwa: »das Märchen braucht keine Zeit«], wenn sie etwas auslassen oder einige Monate oder Jahre überspringen wollen. Die Technik des mündlichen Erzählens in der Volkstradition entspricht Kriterien der Funktionalität: sie läßt unnütze Einzelheiten beiseite, insistiert aber auf den Wiederholungen, zum Beispiel wenn das Märchen aus einer Reihe von Hindernissen besteht, die es zu überwinden gilt. Das kindliche Vergnügen am Geschichtenhören liegt auch in der Erwartung dessen, was sich wiederholt: Situationen, Sätze, Formeln. Wie in Gedichten und Liedern die Reime den Rhythmus skandieren, so gibt es in der erzählenden Prosa Ereignisse, die sich reimen. Die Legende von Karl dem Großen ist von großer erzählerischer Wirkung, weil sie eine Abfolge von Ereignissen darstellt, die einander entsprechen wie Reime in einem Gedicht.

Wenn ich mich in einer Phase meiner literarischen Aktivitäten zu Fabeln und Volksmärchen hingezogen fühlte, so nicht aus Treue zu einer ethnischen Tradition (meine Wurzeln liegen in einem gänzlich modernen und kosmopolitischen Italien), auch nicht aus Sehnsucht nach meiner Kinderlektüre (in meiner Familie durfte ein Kind nur lehrreiche Bücher mit einigermaßen wissenschaftlichem Fundament lesen), sondern aus Interesse an Stil und Struktur, wegen der Ökonomie, des Rhythmus und der schnörkellosen Logik, mit denen sie erzählt werden. Bei meiner Arbeit der Transkription italienischer Märchen, wie sie von den Volkskundlern des vorigen Jahrhunderts aufgezeichnet worden sind, empfand ich ein besonderes Vergnügen, wenn der Originaltext sehr lakonisch war und ich beim Nacherzählen versuchen mußte, einerseits den knappen Stil beizubehalten und andererseits aus seiner Knappheit ein Höchstmaß an erzählerischer Wirkung und poetischer Suggestion zu gewinnen. Zum Beispiel:

> Un Re s'ammalò. Vennero i medici e gli dissero: »Senta, Maestà, se vuol guarire, bisogna che lei prenda una penna dell'Orco. È un rimedio difficile, perché l'Orco tutti i cristiani che vede se li mangia.«

Il Re lo disse a tutti ma nessuno ci voleva andare. Lo chiese a un suo sottoposto, molto fedele e coraggioso, e questi disse: »Andrò.«

Gli insegnarono la strada: »In cima a un monte, ci sono sette buche: in una delle sette, ci sta l'Orco.«

L'uomo andò e lo prese il buio per la strada. Si fermò in una locanda ...*

Ein König wurde krank. Da kamen die Ärzte und sagten: »Majestät, wenn Ihr gesund werden wollt, braucht Ihr eine Feder vom Menschenfresser. Die ist schwer zu bekommen, denn der Menschenfresser frißt jeden Christenmenschen, den er sieht.«

Der König sagte es allen, aber niemand wollte hingehen. Da bat er einen seiner treuesten und mutigsten Untertanen, und der sagte: »Ich werde gehen.«

Man erklärte ihm den Weg: »Oben auf einem Berg, da gibt es sieben Höhlen, in einer von ihnen wohnt der Menschenfresser.«

Der Mann brach auf und ging, bis es dunkel wurde. In einem Wirtshaus machte er Rast ...

Kein Wort darüber, an welcher Krankheit der König leidet, wie ein Menschenfresser Federn haben kann und wie diese Höhlen beschaffen sind. Aber alles, was gesagt wird, hat eine notwendige Funktion im Handlungsgang. Das erste Merkmal des Volksmärchens ist seine Sparsamkeit im Ausdruck; noch die außergewöhnlichsten Abenteuer werden allein mit Blick auf das Wesentliche erzählt. Immer gibt es einen Kampf gegen die Zeit, gegen Hindernisse, die der Erfüllung eines Wunsches oder der Wiedergewinnung eines verlorenen Gutes im Wege stehen oder sie verzögern. Die Zeit kann auch ganz stehenbleiben, wie im Dornröschenschloß, aber dazu genügt es, daß Charles Perrault schreibt:

* *Fiabe italiane* (Einaudi, Turin 1956), No. 57.

Les broches mêmes qui étaient au feu toutes pleines de perdrix et de faisans s'endormirent, et le feu aussi. Tout cela se fit en un moment: les fées n'étaient pas longues à leur besogne.

Sogar die Bratspieße, die sich vollgepackt mit Rebhühnern und Fasanen über dem Feuer drehten, schliefen ein, und das Feuer auch. All das geschah in einem Augenblick: die Feen brauchten nicht lange für ihre Arbeit.

Die Relativität der Zeit ist das Thema eines fast überall verbreiteten Märchens: der Geschichte von der Reise in eine andere Welt, die dem Reisenden nur ein paar Stunden zu dauern scheint, doch als er zurückkommt, erkennt er den Ausgangsort nicht mehr wieder, da inzwischen viele Jahre vergangen sind. Wie Sie wissen, hat dieses Motiv in der frühen amerikanischen Literatur den Anstoß zu Washington Irvings *Rip Van Winkle* gegeben, womit es gewissermaßen die Bedeutung eines Gründungsmythos Ihrer auf permanentem Wandel beruhenden Gesellschaft angenommen hat.

Man kann das Motiv auch als eine Allegorie der erzählten Zeit und ihrer Unvereinbarkeit mit der realen Zeit verstehen. Und dieselbe Bedeutung kann man auch in der umgekehrten Vorgehensweise erkennen, im Zerdehnen der Zeit durch inneres Weiterwuchern von einer Geschichte zur andern, wie es charakteristisch für die orientalische Erzähltradition ist. Scheherazade erzählt eine Geschichte, in der eine Geschichte erzählt wird, in der eine Geschichte erzählt wird, und so weiter.

Die Kunst, die es Scheherazade erlaubt, jede Nacht von neuem ihr Leben zu retten, besteht in der Fähigkeit, ununterbrochen eine Geschichte mit der anderen zu verketten und dann im richtigen Augenblick aufzuhören – zwei operative Eingriffe in die Kontinuität und die Diskontinuität der Zeit. Es ist ein Geheimnis des Rhythmus, ein Festhalten der Zeit, das wir vom ersten Moment an erkennen können: in der Epik am Effekt des Versmaßes, in der erzählenden Prosa an den Effekten, die uns begierig auf die Fortsetzung machen.

Jeder kennt das Unbehagen, das man verspürt, wenn jemand einen Witz erzählen will, ohne es wirklich zu können, so daß er nicht nur die Pointe verpatzt, sondern auch vorher schon alles falsch macht, das heißt vor allem die Verkettungen und den Rhythmus verfehlt. Diese Erfahrung wird in einer Novelle von Boccaccio heraufbeschworen, in der es genau um die Kunst des mündlichen Erzählens geht (VI, 1).

Eine fröhliche Schar junger Damen und Kavaliere, zu Gast im Landhaus einer florentinischen Edelfrau, macht nach dem Mittagessen einen Spaziergang zu einem anderen vergnüglichen Ort in der Gegend. Um den Weg zu verkürzen, bietet sich einer der Herren an, eine Geschichte zu erzählen.

»Madonna Oretta, quando voi vogliate, io vi porterò, gran parte della via che a andiare abbiamo, a cavallo con una delle belle novelle del mondo.«

Al quale la donna rispuose: »Messere, anzi ve ne priego io molto, e sarammi carissimo.«

Messer lo cavaliere, al quale forse non stava meglio la spada allato che 'l novellar nella lingua, udito questo, cominciò una sua novella, la quale nel vero da sé era bellissima, ma egli or tre e quatro e sei volte replicando una medesima parola e ora indietro tornando e talvolta dicendo: »Io non dissi bene« e spesso ne' nomi errando, un per un altro ponendone, fieramente la guastava: senza che egli pessimamente, secondo le qualità delle persone e gli atti che accadevano, profereva.

Di che a madonna Oretta, udendolo, spesse volte veniva un sudore e uno sfinimento di cuore, come se inferma fosse stata per terminare; la qual cosa poi che più sofferir non poté, conoscendo che il cavaliere era entrato nel pecoreccio né era per riuscirne, piacevolmente disse: »Messer, questo vostro cavallo ha troppo duro trotto, per che io vi priego che vi piaccia di pormi a piè.«

»Madonna Oretta, so Ihr wollt, trage ich Euch einen Großteil des Weges, den wir zu gehen haben, gleichsam wie auf Pferderücken mit einer der schönsten Novellen der Welt.«

Worauf die Dame erwiderte: »Gern, Mein Herr, ich bitte darum, es wird mir ein Vergnügen sein.«

Der junge Herr Kavalier, dem der Degen an der Seite vielleicht auch nicht besser stand als die Novelle auf der Zunge, begann, als er dies gehört, mit einer Geschichte, die an sich wirklich sehr schön war, die er jedoch, indem er bald ein und dasselbe Wort drei-, vier- oder sechsmal wiederholte, bald auf das Gesagte zurückkam, bald einwarf: »Das habe ich nicht gut gesagt« und oft auch die Namen miteinander verwechselte, gründlichst verdarb; zu schweigen, daß seine Worte keineswegs die Eigenart der Personen und Begebenheiten trafen.

Weshalb der Madonna Oretta, während sie ihm zuhörte, mehrmals der Schweiß ausbrach und das Herz stockte, als ob sie krank wäre und gleich stürbe. Endlich, als sie es nicht mehr aushalten konnte und merkte, daß der Kavalier sich völlig verheddert hatte und nicht mehr herausfand, sagte sie scherzhaft: »Mein Herr, dieses Euer Pferd hat einen zu harten Trab, darum bitte ich Euch, seid so gut und laßt mich absitzen.«

Die Novelle ist ein Reitpferd: ein Transportmittel mit einer eigenen Gangart, Trab oder Galopp, je nach der zu bewältigenden Wegstrecke, aber die Geschwindigkeit, um die es geht, ist eine mentale Geschwindigkeit. Die von Boccaccio aufgezählten Mängel des ungeschickten Erzählers sind vor allem Verstöße gegen den Rhythmus, aber auch stilistische Mängel, da der Erzähler nicht die treffenden Ausdrücke für die Personen und Begebenheiten findet. Mit anderen Worten, auch die stilistische Richtigkeit ist genau besehen eine Frage der raschen Anpassung, der Behendigkeit im Ausdruck und im Denken.

Das Pferd als Emblem der Geschwindigkeit, auch der mentalen, durchzieht die ganze Geschichte der Literatur und kündigt zugleich die ganze Problematik unseres technologischen Horizontes an. Das Zeitalter der Geschwindigkeit, im Verkehr wie im Informationswesen, beginnt mit einem der schönsten Essays der englischen Literatur, *The English Mail-Coach* von Thomas De Quincey, der schon 1848 alles begriffen hatte, was wir heute aus der Welt der Motoren und Autobahnen wissen, die tödlichen Zusammenstöße bei hoher Geschwindigkeit inbegriffen.

De Quincey beschreibt eine nächtliche Fahrt auf dem Bock einer Expreß-Postkutsche neben einem riesenhaften Kutscher, der tief und fest schläft. Die technische Perfektion des Fahrzeugs und die Verwandlung des Fahrers in einen blinden und leblosen Gegenstand liefern den Passagier der unerbittlichen Exaktheit einer Maschine aus. In seiner durch eine Prise Laudanum geschärften Wahrnehmung bemerkt De Quincey plötzlich, daß die Pferde in einem Tempo von dreizehn Meilen pro Stunde auf der *rechten* Straßenseite laufen. Das bedeutet ein sicheres Unglück, nicht für die starke und schnelle Kutsche, aber für das erste unselige Gefährt, das ihr entgegenkommt! Tatsächlich erblickt er am Ende der schnurgeraden Allee, die ihm wie das Langschiff einer gotischen Kathedrale vorkommt, einen »zerbrechlichen schwachen Zweiradwagen« *(a frail reedy gig)*, in dem ihm ein junges Paar mit einer Meile pro

Stunde entgegenkommt. »Between them and eternity, to all human calculation, there is but a minute and a-half« (Zwischen ihnen und der Ewigkeit liegen nach allem menschlichen Ermessen nicht mehr als anderthalb Minuten). De Quincey stößt einen Schrei aus. »Mine had been the first step; the second was for the young man; the third was for God« (Den ersten Schritt hatte ich getan; den zweiten mußte der junge Mann tun; den dritten Gott).

Die Schilderung dieser wenigen Sekunden ist unübertroffen geblieben, auch in einer Zeit, in der das Erlebnis hoher Geschwindigkeiten zu einer Grunderfahrung des menschlichen Lebens geworden ist:

Glance of eye, thought of man, wing of angel, which of these had speed enough to sweep between the question and the answer, and divide the one from the other? Light does not tread upon the steps of light more indivisibly than did our all-conquering arrival upon the scaping efforts of the gig.

Ein Augen-Blick, ein Gedanke, der Flügelschlag eines Engels, was war schnell genug, sich zwischen Frage und Antwort zu drängen und sie voneinander zu trennen? Das Licht folgt den Spuren des Lichts nicht augenblicklicher, als unsere alles-überwältigende Ankunft es mit den Ausweichversuchen des Zweiradwagens tat.

De Quincey gelingt es, den Eindruck eines extrem kurzen Zeitraums zu vermitteln, der trotzdem sowohl die Berechnung der technischen Unvermeidlichkeit des Zusammenstoßes wie auch das Unberechenbare enthalten kann: das Eingreifen Gottes, durch das die beiden Gefährte heil aneinander vorbeikommen.

Das Thema, das uns hier interessiert, ist nicht die physische Geschwindigkeit, sondern das Verhältnis zwischen physischer und mentaler Geschwindigkeit. Dieses Verhältnis hat auch einen großen italienischen Dichter der Generation von De Quincey interessiert. Giacomo Leopardi, dessen Jugend so seßhaft war, wie man es sich nur vorstellen kann, hatte einen seiner seltenen freudigen Augenblicke, als er in den Aufzeichnungen seines *Zibaldone* schrieb:

> La velocità, per esempio, de' cavalli o veduta, o sperimentata, cioè quando essi vi trasportano (...) è piacevolissima per sé sola, cioè per la vivacità, l'energia, la forza, la vita di tal sensazione. Essa desta realmente una quasi idea dell'infinito, sublima l'anima, la fortifica ... (27. Oktober 1821).

Die Geschwindigkeit, zum Beispiel von Pferden, sei sie gesehen oder erfahren, also wenn wir von ihnen getragen werden (...) ist höchst angenehm von sich aus, das heißt durch die Lebhaftigkeit, die Energie, die Kraft, das Leben dieser Sinneswahrnehmung. Sie vermittelt uns wirklich fast eine Vorstellung vom Unendlichen, erhebt die Seele und stärkt sie ...

In den Aufzeichnungen des *Zibaldone* der folgenden Monate entwickelt Leopardi seine Reflexionen über die Geschwindigkeit weiter, und an einem bestimmten Punkt gelangt er dabei zum literarischen Stil:

> La rapidità e la concisione dello stile piace perché presenta all'anima una folla d'idee simultanee, così rapidamente succedentisi, che paiono simultanee, e fanno ondeggiar l'anima in una tale abbondanza di pensieri, o d'immagini e sensazioni spirituali, ch'ella o non è capace di abbracciarle tutte, e pienamente ciascuna, o non ha tempo di restare in ozio, e priva di sensazioni. La forza dello stile poetico, che in gran parte è tutt' uno colla rapi-

dità, non è piacevole per altro che per questi effetti, e non consiste in altro. L'eccitamento d'idee simultanee, può derivare e da ciascuna parola isolata, o propria o metaforica, e dalla loro collocazione, e dal giro della frase, e dalla soppressione stessa di altre parole o frasi ec. (3. November 1821).

Die Schnelligkeit und Knappheit des Stils gefällt, da sie der Seele eine Fülle von gleichzeitigen Ideen vorsetzt oder von solchen, die einander so rasch folgen, daß sie gleichzeitig erscheinen und die Seele in einem solchen Überfluß von Gedanken schwimmen lassen, oder von Bildern und Empfindungen geistiger Art, daß sie entweder nicht imstande ist, sie alle zu umfassen und jede einzelne ganz, oder daß sie keine Zeit hat, müßig und gefühllos zu bleiben. Die Kraft des poetischen Stils, die zum großen Teil eins ist mit der Schnelligkeit, erfreut uns durch nichts anderes als ebendiese Effekte und besteht in nichts anderem. Die Erregung gleichzeitiger Ideen kann ebensowohl aus jedem einzelnen Wort kommen, sei's im eigentlichen, sei's im metaphorischen Sinne, wie aus ihrer Anordnung, aus der Satzperiode und selbst aus der Unterdrückung von anderen Wörtern oder Sätzen usw.

Die Metapher des Pferdes für die Geschwindigkeit des Geistes ist, glaube ich, erstmals von Galileo Galilei benutzt worden. In seinem *Saggiatore* schrieb er, im Streit mit einem Gegner, der seine Thesen mit einer Vielzahl von klassischen Zitaten untermauerte:

Se il discorrere circa un problema difficile fosse come il portar pesi, dove molti cavalli porteranno più sacca di grano che un caval solo, io acconsentirei che i molti discorsi facessero più che un solo; ma il discorrere è come il correre, e non come il portare, ed un caval barbero solo correrà più che cento frisoni. (45)

Wenn das Reden über ein schwieriges Problem wie das Tragen von Gewichten wäre, bei dem viele Pferde mehr Kornsäcke tragen als eines allein, so würde ich zustimmen, daß viele Reden mehr brächten als eine allein; aber das Reden ist wie das Rennen und nicht wie das Tragen, und ein Rennpferd allein läuft schneller als hundert Friesenpferde.

»Discorrere« und »discorso« bedeuten für Galileo soviel wie argumentierendes Reden, oft deduktives Argumentieren. »Il discorrere è come il correre«, »Argumentieren ist wie schnelles Laufen«: diese Behauptung ist gleichsam das stilistische Programm Galileos, Stil als Denkmethode und literarischer Geschmack. Die Raschheit und Beweglichkeit des Deduzierens, die Ökonomie der Argumente, aber auch die Phantasie der Beispiele sind für Galileo entscheidende Eigenschaften des richtigen Denkens.

Hinzu kommt eine Vorliebe für das Pferd als Metapher in Galileos *Gedanken-Experimenten**; in einer Untersuchung, die ich einmal über die Metapher bei Galileo gemacht habe, konnte ich mindestens elf signifikante Beispiele aufzählen, in denen Galileo von Pferden spricht: als Bild der Bewegung, also verwendbar in kinetischen Experimenten, als Form der Natur in ihrer ganzen Komplexität und zugleich ihrer ganzen Schönheit, als eine die Phantasie entfesselnde Form in seinen Hypothesen über Pferde, die unwahrscheinlichsten Prüfungen unterzogen werden oder zu gigantischen Dimensionen heranwachsen, nicht mitgerechnet die schon erwähnte Gleichsetzung des Argumentierens mit dem Laufen: »il discorrere è come il correre.«

---

* Im Original deutsch.

Die Schnelligkeit des Denkens wird in Galileos *Dialog über die beiden hauptsächlichsten Weltsysteme* durch Sagredo verkörpert, den scharfsinnigen Venezianer, der in das Streitgespräch zwischen dem Ptolemäer Simplicio und dem Kopernikaner Salviati als Dritter eingreift. Salviati und Sagredo repräsentieren zwei verschiedene Züge von Galileos Temperament: Salviati ist der methodisch strenge Schlußfolgerer, der langsam und bedächtig vorgeht; Sagredo mit seiner »raschen Redeweise« und einer mehr plastischen Sicht der Dinge hat eher die Neigung, unbewiesene Schlüsse zu ziehen und jede Idee zu den äußersten Konsequenzen zu treiben, etwa wenn er Hypothesen darüber aufstellt, wie das Leben auf dem Mond beschaffen sein könnte oder was geschehen würde, wenn die Erde auf einmal stehenbliebe.

Salviati ist es jedoch, der die Werteskala aufstellt, auf der Galileo die mentale Geschwindigkeit einordnet: Das blitzschnelle Denken ohne *passaggi* (Übergänge, Denkschritte) ist die Art, wie Gott denkt, dessen Geist dem des Menschen unendlich überlegen ist, weshalb letzterer jedoch nicht verachtet oder als nichtig angesehen werden darf, da er von Gott geschaffen ist und im Laufe der Zeit durch schrittweises Vorgehen viele wunderbare Dinge erforscht, verstanden und ausgeführt hat. An diesem Punkt interveniert nun Sagredo mit einer Eloge auf die größte menschliche Erfindung, das Alphabet:

> Ma sopra tutte le invenzioni stupende, qual eminenza di mente fu quella di colui che s'immaginò di trovar modo di comunicare i suoi più reconditi pensieri a qualsivoglia altra persona, benché distante per lunghissimo intervallo di luogo e di tempo? parlare con quelli che son nell'Indie, parlare a quelli che non sono ancora nati né saranno se non di qua a mille e dieci mila anni? e con qual facilità? con i vari accozzamenti di venti caratteruzzi sopra una carta.

Aber wie ragt über alle staunenswerten Erfindungen die Geisteshöhe dessen hervor, der sich vornahm, ein Mittel zu finden, um seine verborgensten Gedanken jedwedem anderen mitzuteilen, wie weit entfernt durch Raum und Zeit er auch sei? mit denen zu reden, die in Indien sind, zu denen zu sprechen, die noch nicht geboren sind, die erst nach tausend und zehntausend Jahren geboren sein werden? Und mit welcher Leichtigkeit? Durch verschiedene Verbindung einiger zwanzig Zeichen auf einem Blatt Papier. (*Dialog über die beiden hauptsächlichsten Weltsysteme*, Ende des ersten Tages)*

In der vorangegangenen Vorlesung über die Leichtigkeit habe ich Lukrez zitiert, der in der Kombinatorik des Alphabets das Modell der ungreifbaren Atomstruktur der Materie sah; heute zitiere ich Galileo, der in der Kombinatorik des Alphabets (»i vari accozzamenti di venti caratterruzzi«, wörtlich: »die verschiedenen Zusammenstellungen von zwanzig Buchstäbchen«) das unübertreffliche Modell der Kommunikation sah. Der Kommunikation zwischen räumlich und zeitlich weit voneinander entfernten Personen, sagt Galileo; aber wir sollten auch die unmittelbare Kommunikation hinzufügen, die das Geschriebene zwischen allem Existierenden oder Möglichen herstellt.

Da ich mir vorgenommen habe, in jeder dieser Vorlesungen dem nächsten Jahrtausend einen Wert zu empfehlen, der mir am Herzen liegt, ist genau dies nun der Wert, den ich heute empfehlen möchte: In einer Epoche, in der andere extrem schnelle und weitreichende Medien triumphieren und jede Kommunikation zu einer gleichförmigen, homogenen Fläche einzuebnen drohen, ist die Aufgabe der Literatur die Kommunikation zwischen dem, was

---

* Nach der Übersetzung von Emil Strauss, 1891, Neuausgabe Stuttgart, Teubner, 1982, S. 110.

verschieden ist, weil und insoweit es verschieden ist, und zwar, indem sie die Unterschiede nicht verwischt, sondern sie im Gegenteil noch zuspitzt, wie es die Eigenart der geschriebenen Sprache ist.

Das Jahrhundert der Motorisierung hat die Geschwindigkeit als einen meßbaren Wert durchgesetzt, dessen Rekorde Meilensteine in der Geschichte des Fortschritts der Maschinen und der Menschen darstellen. Aber die mentale Geschwindigkeit ist nicht meßbar und erlaubt keine Vergleiche oder Wettbewerbe, sie kann ihre Resultate auch nicht in eine historische Perspektive stellen. Die mentale Geschwindigkeit ist ein Wert um ihrer selbst willen, wegen des Vergnügens, das sie denen bereitet, die einen Sinn dafür haben, nicht wegen des praktischen Nutzens, den man daraus ziehen kann. Eine schnelle Schlußfolgerung ist nicht unbedingt besser als eine bedächtige, im Gegenteil; aber sie teilt etwas Besonderes mit, das gerade in ihrer Schnelligkeit liegt.

Keiner der Werte, die ich als Themen meiner Vorlesungen wähle, soll, ich sagte es zu Beginn, den entgegengesetzten Wert ausschließen; wie in meinem Lob der Leichtigkeit mein Respekt vor der Schwere mit enthalten war, so will diese Apologie der Schnelligkeit keineswegs die Freuden des Herumtrödelns und Verweilens negieren. Die Literatur hat verschiedene Techniken zur Retardierung des Zeitablaufs entwickelt; ich habe schon die Wiederholung erwähnt, mir bleibt noch, auf die Abschweifung einzugehen.

Im praktischen Leben ist die Zeit ein kostbares Gut, mit dem wir geizen; in der Literatur ist sie eines, über das wir freigebig und entspannt verfügen können – wir müssen ja nicht als erste in ein festgesetztes Ziel einlaufen, im Gegenteil, das Schöne am Zeitsparen ist: je mehr Zeit wir einsparen, desto mehr haben wir dann zu verlieren. Schnelligkeit im Stil und im Denken bedeutet vor allem Agilität, Mobilität, Zwanglosigkeit – lauter Eigenschaften, die sich gut vertragen mit einem stets zu Abschweifungen bereiten Schreiben, das sich nicht scheut, von einem Thema zum anderen zu springen, den Faden hundertmal zu verlieren und ihn erst nach hundert weiteren Wendungen wiederzufinden.

Die große Erfindung von Laurence Sterne war der ganz aus Abschweifungen bestehende Roman; ein Beispiel, das alsbald von Diderot befolgt werden sollte. Die Abschweifung oder Digression ist eine Strategie zur Hinauszögerung des Schlusses, eine Vervielfachung der Zeit im Innern des Werkes, eine permanente Flucht. Flucht wovor? Vor dem Tod natürlich, erklärt in seiner Einführung zum *Tristram Shandy* der italienische Schriftsteller Carlo Levi, den sich wenige als einen Bewunderer von Sterne vorgestellt hätten, dessen Geheimnis jedoch genau darin bestand, einen schweifenden Geist und den Sinn für eine unbeschränkte Zeit auch in die Beobachtung der sozialen Probleme einzubringen. In der erwähnten Einführung schreibt er:

L'orologio è il primo simbolo di Shandy, sotto il suo influsso egli viene generato, ed iniziano le sue disgrazie, che sono tutt'uno con questo segno del tempo. La morte sta nascosta negli orologi, come diceva il Belli; e l'infelicità della vita individuale, di questo frammento, di questa cosa scissa e disgregata, e priva di totalità: la morte, che è il tempo, il tempo della individuazione, della separazione, l'astratto tempo che rotola verso la sua fine. Tristram Shandy non vuol nascere, perché non vuol morire. Tutti i mezzi, tutte le armi sono buone per salvarsi dalla morte e dal tempo. Se la linea retta è la più breve fra due punti fatali e inevitabili, le digressioni la allungheranno: e se queste digressioni diventeranno così complesse, aggrovigliate, tortuose, così rapide da far perdere le proprie tracce, chissà che la morte non ci trovi più, che il tempo si smarrisca, e che possiamo restare celati nei mutevoli nascondigli.

Die Uhr ist Shandys erstes Symbol, unter ihrem Einfluß wird er gezeugt, und schon beginnen seine Mißgeschicke, die eins sind mit diesem Zeichen der Zeit. Der Tod ist in den Uhren verborgen, wie Belli sagte; und das Unglück des individuellen Lebens, dieses Bruchstücks, dieser zerrissenen, zerbröckelten, ihrer Ganzheit beraubten Sache: der Tod, der die Zeit ist, die Zeit der Individuation, der Separation, die abstrakte Zeit, die auf ihr Ende zurollt. Tristram Shandy will nicht geboren werden, weil er nicht sterben will. Alle Mittel, alle Waffen sind recht, um sich vor dem Tod und der Zeit zu retten. Wenn die gerade Linie die kürzeste Verbindung zwischen zwei schicksalhaften und unvermeidlichen Punkten ist, dann werden die Abschweifungen sie in die Länge ziehen; und wenn diese Abschweifungen dann so komplex, so verwickelt und verschlungen werden und so schnell, daß man ihre Spur aus den Augen verliert – wer weiß, vielleicht kann uns dann der Tod nicht mehr finden, vielleicht verirrt sich die Zeit unterwegs, und wir können verborgen in unseren je wechselnden Verstecken bleiben.

Worte, die mich nachdenklich stimmen. Denn ich bin kein Anhänger der Abschweifung. Ich könnte sagen, ich ziehe es vor, mich der geraden Linie anzuvertrauen, in der Hoffnung, daß sie ins Unendliche weitergeht und mich unerreichbar macht. Ich ziehe es vor, meine Fluchtbahn lange vorauszuberechnen, in der Erwartung, mich dann wie ein Pfeil in sie stürzen zu können und am Horizont zu verschwinden. Oder, wenn mir zu viele Hindernisse den Weg verstellen, diejenige Abfolge von geraden Liniensegmenten zu berechnen, die mich am schnellsten aus dem Labyrinth ins Freie führt.

Schon von Jugend an war mein Motto die alte lateinische Maxime *Festina lente*, Eile mit Weile. Vielleicht mehr als der Wortlaut und der Gedanke war es die Suggestion seiner Embleme, die mich anzog. Vielleicht kennen Sie das Wappen des großen venezianischen Humanisten und Verlegers Aldus Manutius: er symbolisierte das Motto *Festina lente* auf jedem Titelblatt durch einen Delphin, der sich um einen Anker windet. Die Intensität und Beharrlichkeit geistiger Arbeit wird durch dieses elegante Markenzeichen dargestellt, das Erasmus von Rotterdam in denkwürdigen Ausführungen kommentiert hat. Aber Delphin und Anker gehören noch zu einer homogenen Welt von Meeresbildern, und ich habe stets diejenigen Embleme vorgezogen, in denen nichtzusammengehörige und rätselhafte Figuren kombiniert werden wie in einem Rebus. Beispielsweise der Schmetterling und die Krabbe, die das *Festina lente* in Paolo Giovios Sammlung von Emblemen aus dem sechzehnten Jahrhundert illustrieren: zwei sehr heterogene Tierformen, beide bizarr und beide symmetrisch, die eine unerwartete Harmonie miteinander bilden.

Meine schriftstellerische Arbeit war von Anfang an darauf aus, die blitzartigen Durchläufe jener mentalen Stromkreise zu verfolgen, in denen räumlich und zeitlich weit voneinander entfernte Punkte erfaßt und verbunden werden. In meiner Vorliebe für Abenteuer und Märchen habe ich stets nach dem Äquivalent einer inneren Energie, einer Bewegung des Geistes gesucht. Ich habe auf das Bild gezielt und auf die Bewegung, die dem Bild auf natürliche Weise entspringt, wohl wissend, daß man nicht von einem literarischen Ergebnis sprechen kann, solange dieser Strom der Phantasie noch nicht Sprache geworden ist. Genau wie für den Verse schreibenden Dichter liegt auch für den Prosaschriftsteller das Gelingen im geglückten verbalen Ausdruck, der sich manchmal durch jähe Inspiration ergeben mag, in der Regel aber eine geduldige Suche nach dem *mot juste* erfordert, nach dem Satz, in dem kein Wort ersetzbar ist, nach der Zusammenstellung von Lauten und Begriffen, aus der sich die größte Wirkkraft und Bedeutungsdichte ergibt. Ich bin überzeugt, daß Prosaschreiben nicht anders sein sollte als das Schreiben von Lyrik: in beiden Fällen handelt es sich um die Suche nach einem notwendigen, einzigartigen, dichten, knappen und einprägsamen Ausdruck.

Es ist schwer, eine Anspannung dieser Art in sehr langen Werken durchzuhalten, außerdem kann ich mich aufgrund meines Temperaments in kurzen Texten besser verwirklichen; mein Werk besteht zum großen Teil aus Short stories. Die Art von Operation zum Beispiel, mit der ich in den *Cosmicomics* experimentiert habe, vor allem in den »deduktiven Erzählungen« am Ende (»Nullzeit« etc.), nämlich der Versuch, abstrakte Ideen von Zeit und Raum erzählerisch zu veranschaulichen, ließe sich gar nicht anders als im knappen Rahmen der Kurzgeschichte durchführen. Aber ich habe auch mit noch kürzeren Formen experimentiert, in denen die narrative Entwicklung noch weiter reduziert worden ist, Formen zwischen der Fabel und dem »kleinen Prosagedicht«, nämlich in den *Unsichtbaren Städten* und in den beschreibenden Texten von *Palomar*. Gewiß sind Länge oder Kürze eines Textes äußerliche Kriterien, aber ich spreche von einer besonderen Dichte, die, selbst wenn sie auch in großangelegten Erzählungen erreicht werden kann, ihr Maß doch stets in der einzelnen Seite hat.

Mit dieser Vorliebe für die kurzen Formen folge ich übrigens nur einem Grundzug der italienischen Literatur, die arm an Romanciers ist, aber stets reich an Dichtern war, an Poeten, die, auch wenn sie Prosa schrieben, ihr Bestes in Texten gaben, die auf wenigen Seiten ein Höchstmaß an Erfindungs- und Gedankenreichtum komprimieren, wie jenes Buch ohnegleichen in anderen Literaturen, das wir mit Leopardis *Operette morali* haben.

Die amerikanische Literatur hat eine große und immer noch sehr lebendige Tradition der Short story, ja ich würde sogar sagen, daß ihre kostbarsten Schätze ebendort liegen. Aber die rigide Zweiteilung der verlegerischen Klassifizierung – entweder *short story* oder *novel* – läßt andere Möglichkeiten der kurzen Form außer acht, obwohl sie ebenfalls in den Prosawerken der großen amerikanischen Dichter zu finden sind, von Walt Whitmans *Specimen Days* bis zu vielen Seiten von William Carlos Williams. Die Nachfrage auf dem Buchmarkt ist ein Fetisch, der die Erprobung neuer Formen nicht lähmen darf. Ich möchte hier eine Lanze für den Reichtum der kurzen Formen brechen, mit allem, was sie an Stil und inhaltlicher Dichte voraussetzen. Ich denke an den Paul Valéry des *Monsieur Teste* und vieler seiner Essays, an die kleinen Prosagedichte über Dinge von Francis Ponge, an die Erforschungen seiner selbst und seiner Sprache von Michel Leiris, an den geheimnisvollen und visionären Humor von Henri Michaux in den Kürzesterzählungen von *Plume*.

Die letzte große Erfindung einer neuen literarischen Gattung, die wir miterlebt haben, stammt von einem Meister des knappen Schreibens, Jorge Luis Borges, und war die Erfindung seiner selbst als Erzähler, das Ei des Columbus, das ihm die Blockierung zu überwinden erlaubte, die ihn bis fast zu seinem vierzigsten Lebensjahr daran gehindert hatte, von der essayistischen zur erzählenden Prosa überzugehen. Die erlösende Idee von Borges war, so zu tun, als wäre das Buch, das er schreiben wollte, schon geschrieben, geschrieben von einem anderem, einem hypothetischen unbekannten Autor, in einer anderen Sprache, einer anderen Kultur – und dieses hypothetische Buch sodann zu beschreiben, zu resümieren oder zu rezensieren. Zur Borges-Legende gehört die Anekdote, daß die erste erstaunliche Geschichte, die er nach dieser Formel geschrieben hatte, *Der Weg nach Almotásim*, 1940, bei ihrem Erscheinen in der Zeitschrift *Sur*, tatsächlich für eine Rezension eines Buches von einem indischen Autor gehalten wurde. So wie zu den Stereotypen der Borges-Kritik die Bemerkung gehört, daß jeder seiner Texte den eigenen Raum verdoppelt oder vervielfacht durch den Verweis auf andere Bücher einer imaginären oder realen Bibliothek, die Lektüre klassischer oder gelehrter oder einfach erfundener Werke.

Was ich hier hervorheben möchte, ist jedoch, wie Borges seine Öffnungen zum Unendlichen ohne die geringste Verkrampfung erzielt, in einem glasklaren, extrem nüchternen und leichtfüßigen Stil; wie das resümierende und abkürzende Erzählen zu einer Sprache führt, die ganz aus Präzision und Konkretheit besteht und deren Erfindungsreichtum sich in der Vielfalt an Rhythmen, an syntaktischen Wendungen, an stets unerwarteten und überraschenden Adjektiven manifestiert. Mit Borges beginnt eine ins Quadrat erhobene Literatur und zugleich eine Literatur als Ziehung der Quadratwurzel ihrer selbst: eine »potentielle Literatur«, um es mit einem später in Frankreich geprägten Ausdruck zu sagen, dessen Wurzeln man aber in den *Ficciones* finden kann, in den Skizzen und Formeln dessen, was die Werke eines hypothetischen Autors namens Herbert Quain hätten sein können.

Knappheit ist nur ein Aspekt des Themas, das ich hier behandeln wollte, und ich werde mich damit begnügen, Ihnen zu sagen, daß ich von gewaltigen Kosmologien, von Sagas und Epopöen träume, die in die Dimensionen eines Epigramms gefaßt sind. In den immer verstopfteren

Zeiten, die uns erwarten, muß die Literatur auf maximale Verdichtung der Poesie und des Denkens zielen.

Borges und Bioy Casares haben eine Anthologie kurzer und außergewöhnlicher Erzählungen (*Cuentos breves y extraordinarios*, 1955) zusammengestellt. Ich würde gern eine Sammlung von Kürzestgeschichten herausgeben, von Erzählungen, die nur aus einem einzigen Satz bestehen oder gar, wenn das möglich ist, nur aus einer einzigen Zeile. Aber bisher habe ich noch keine gefunden, die die folgende des guatemaltekischen Autors Augusto Monterroso an Kürze überträfe: »Cuando despertó, el dinosauro todavía estaba allí.« (Als er erwachte, war der Dinosaurier immer noch da.)

Ich merke, daß diese Vorlesung, die ausging von den unsichtbaren Zusammenhängen, sich in verschiedene Richtungen verzweigt hat und zu zerfasern droht. Aber alle Themen, die ich heute behandelt habe, und vielleicht auch die vom letztenmal, lassen sich darin zusammenfassen, daß sie von einem olympischen Gott beherrscht werden, den ich besonders verehre: von Hermes-Merkur, dem Gott der Kommunikation und der Vermittlung, der unter dem Namen Thot auch als Erfinder der Schrift galt und, wie C. G. Jung in seinen Studien über die alchimistische Symbologie lehrt, als »Merkur-Geist« auch das *principium individuationis* repräsentiert.

Merkur mit seinen geflügelten Fersen, leicht und luftig, gewandt, behende, anpassungsfähig und ungezwungen, stellt die Beziehungen der Götter untereinander her und die der Götter zu den Menschen, vermittelt zwischen den allgemeinen Gesetzen und den einzelnen Fällen, zwischen den Kräften der Natur und den Formen der Kultur, zwischen allen Objekten der Welt und allen denkenden Subjekten. Welchen besseren Schutzgott könnte ich mir für mein Literaturprojekt wählen?

In der antiken Tradition, nach welcher Mikro- und Makrokosmos einander spiegeln in den Entsprechungen zwischen Psychologie und Astrologie, zwischen Körpersäften, Temperamenten, Planeten und Konstellationen, ist der Status des Merkur der unbestimmteste und schillerndste. Aber nach der weitestverbreiteten Meinung stand das von Merkur beeinflußte Temperament, das sich zum Tausch, zum Handel und zur Taschenspielerei gedrängt sieht, im Gegensatz zu dem von Saturn beeinflußten Temperament, das als melancholisch, kontemplativ und solitär angesehen wurde. Seit der Antike gilt das saturnische Temperament als typisch für Künstler, Dichter und Denker, und mir scheint auch, daß diese Charakterisierung der Wahrheit entspricht. Sicher wäre die Literatur nie entstanden, hätte ein Teil der Menschheit nicht zu einer starken Introversion geneigt, zu einer Unzufriedenheit mit der Welt, wie sie ist, zu einem Vergessen der Stunden und Tage, den Blick auf die Unbeweglichkeit stummer Wörter gerichtet. Sicher entspricht mein Charakter den traditionellen Eigenarten der Kategorie, zu der ich gehöre – auch ich bin immer saturnisch gewesen, so viele verschiedene Masken ich mir auch aufgesetzt habe. Mein Kult des Merkur entspricht vielleicht nur einem Streben, einem Anderssein-Wollen: Ich bin ein Saturnischer, der davon träumt, merkurisch zu sein, und alles, was ich schreibe, ist von diesen beiden Impulsen geprägt.

Doch wenn Saturn-Kronos auch eine gewisse Macht über mich ausübt, ist er doch nie eine Gottheit gewesen, die ich verehrt habe; ich habe nie ein anderes Gefühl für ihn genährt als eine respektvolle Ehrfurcht. Es gibt indes noch einen anderen Gott, der mit Saturn verwandt ist und dem ich mich sehr verbunden fühle, einen Gott, der kein so hohes astrologisches und mithin psychologisches Prestige genießt, da er keinem der sieben Planeten des antiken Himmels zugeordnet ist, der sich aber trotzdem seit den Zeiten

Homers einer großen Beliebtheit in der Literatur erfreut: Vulkan-Hephaistos, der Gott, der nicht durch die Himmel schweift, sondern sich in die Tiefe der Krater verkriecht, der eingeschlossen in seiner Werkstatt sitzt, wo er unermüdlich Objekte von höchster Vollendung schmiedet, Schmuck und Geschmeide für die Göttinnen und die Götter, Waffen, Schilde, Netze, Fallen. Vulkan, der dem luftigen Flug des Merkur den stockenden Gang seines Hinkefußes und den rhythmischen Schlag seines Hammers entgegensetzt.

Auch hier muß ich mich auf eine Zufallslektüre beziehen, aber manchmal ergeben sich klärende Ideen aus der Lektüre sonderbarer und schwer einzuordnender Bücher. Das fragliche Buch, das ich im Zuge meiner Studien über die Symbologie der Tarotkarten gelesen habe, heißt *Histoire de notre image* und ist von André Virel (Genf 1965). Dem Autor zufolge, einem Erforscher der kollektiven Bilderwelt aus der Schule – glaube ich – von C. G. Jung, repräsentieren Merkur und Vulkan zwei untrennbare und komplementäre Lebensfunktionen: Merkur die *Syntonie*, das heißt die Teilnahme an der uns umgebenden Welt, und Vulkan die *Fokalisierung* oder die konstruktive Konzentration. Merkur und Vulkan sind beide Söhne von Jupiter, dessen Reich das des individualisierten und sozialisierten Bewußtseins ist, aber mütterlicherseits stammt Merkur von Uranus ab, dessen Reich das der »zyklophrenischen« Zeit der undifferenzierten Kontinuität war, und Vulkan stammt von Saturn ab, dessen Reich das der »schizophrenischen« Zeit der egozentrischen Isolation war. Saturn hatte Uranus entthront, Jupiter hatte Saturn entthront; am Ende schließlich, im ausgewogenen und lichtvollen Reich des Jupiter, tragen beide, Merkur und Vulkan, die Erinnerung an ein dunkles Ur-Reich mit sich herum und verwandeln das, was daran destruktiv und krank war, in positive Eigenschaften: Syntonie und Fokalisierung.

Seit ich auf diese Erklärung der Gegensätzlichkeit und Komplementarität von Merkur und Vulkan gestoßen bin, habe ich angefangen, etwas zu begreifen, was ich zuvor nur verschwommen geahnt hatte: etwas über mich selbst, über die Art und Weise, wie ich bin und wie ich gern wäre, wie ich schreibe und wie ich schreiben könnte. Die Konzentration und die *craftsmanship* des Vulkan sind die notwendigen Bedingungen, um die Abenteuer und Verwandlungen des Merkur zu schildern. Die Mobilität und Behendigkeit des Merkur sind die notwendigen Bedingungen dafür, daß die endlosen Mühen Vulkans zu Trägern einer Bedeutung werden und aus dem gestaltlosen Erz die Attribute der Götter Gestalt annehmen, als Lyra oder als Dreizack, als Lanze oder als Diadem. Die Arbeit des Schriftstellers muß verschiedene Zeiten berücksichtigen: eine Zeit des Merkur und eine Zeit des Vulkan, eine Botschaft der Unmittelbarkeit, erreicht durch geduldige und pedantische Korrekturen, und eine jähe Intuition, die, kaum formuliert, zur Endgültigkeit dessen gerinnt, was gar nicht anders hätte sein können; aber auch eine Zeit, die einfach vergeht, ohne andere Absichten, als die Gefühle und Gedanken sich setzen zu lassen, sie reifen zu lassen, sie alle Ungeduld und alle ephemeren Äußerlichkeiten ablegen zu lassen.

Zu Beginn dieser Vorlesung habe ich Ihnen eine alte Geschichte erzählt, lassen Sie mich mit einer anderen alten Geschichte schließen. Es ist eine chinesische Geschichte.

Zu den vielen Fähigkeiten von Chuang-Tzu gehörte seine Gewandtheit im Zeichnen. Der Kaiser bat ihn, einen Krebs zu zeichnen. Chuang-Tzu sagte, er brauche dafür fünf Jahre Zeit und eine Villa mit zwölf Bediensteten. Nach fünf Jahren war die Zeichnung noch nicht begonnen. »Ich brauche noch weitere fünf Jahre«, sagte Chuang-Tzu. Der Kaiser gewährte sie ihm. Nach Ablauf der zehn Jahre nahm Chuang-Tzu die Feder, und in einem Augenblick, mit einer einzigen Handbewegung, zeichnete er einen Krebs, den perfektesten Krebs, den man je gesehen hatte.

3

GENAUIGKEIT

Für die alten Ägypter wurde Genauigkeit durch eine Feder symbolisiert, die als Gewicht auf der Seelenwaage diente. Diese leichte Feder trug den Namen Maat und war die Göttin der Waage. Die Hieroglyphe für Maat bezeichnete auch das Längenmaß, die dreiunddreißig Zentimeter des Einheitsziegels, sowie den Grundton der Flöte.

Diese Kenntnisse habe ich aus einem Vortrag von Giorgio de Santillana über die Präzision der Alten beim Beobachten der Himmelsphänomene, den ich 1963 in Italien hörte und von dem ich tief beeindruckt war. In diesen Tagen denke ich oft an Santillana, denn er war es, der mir 1960 in Massachusetts als Führer diente, als ich meinen ersten Besuch in den Vereinigten Staaten machte. Zum Gedenken an seine Freundschaft beginne ich diese Vorlesung über die Genauigkeit in der Literatur mit Maat, der Göttin der Waage – um so lieber, als die Waage mein Tierkreiszeichen ist.

Zunächst einmal will ich versuchen, mein Thema einzugrenzen. Genauigkeit heißt für mich vor allem dreierlei:

1. eine wohldefinierte und wohlkalkulierte Planung des Werkes;

2. die Evokation von klaren, markanten und einprägsamen visuellen Bildern; im Italienischen haben wir dafür ein Adjektiv, das es im Englischen [und Deutschen] nicht gibt: *icastico*, von griechisch *eikastikós*;

3. eine Sprache mit größtmöglicher Präsizion in der Wortwahl wie auch in der Wiedergabe der Nuancen des Denkens und der Phantasie.

Warum drängt es mich, Werte zu verteidigen, die vielen ganz selbstverständlich erscheinen werden? Ich glaube, mein erster Antrieb dazu kommt aus einer gewissen Überempfindlichkeit oder Allergie: Mir scheint, daß die Sprache immer nur in einer zufälligen, ungefähren und achtlosen Weise benutzt wird, und das irritiert mich ganz ungemein. Denken Sie bitte nicht, diese meine Reaktion entspräche einer Unduldsamkeit gegenüber dem Nächsten: die größte Irritation empfinde ich, wenn ich mich selber sprechen höre. Deshalb versuche ich immer, sowenig wie möglich zu sprechen, und wenn ich es vorziehe zu schreiben, so weil ich beim Schreiben jeden Satz so oft korrigieren kann, wie es nötig ist, um, ich sage nicht: mit meinen Worten zufrieden zu sein, aber doch wenigstens die Gründe der Unzufriedenheit, die ich mir bewußt machen kann, zu beseitigen. Die Literatur – ich meine diejenige Literatur, die diesen Anforderungen genügt – ist das Gelobte Land, in dem die Sprache das wird, was sie eigentlich sein sollte.

Manchmal scheint mir, als ob eine Pestepidemie über die Menschheit gekommen wäre und sie gerade in ihrer charakteristischsten Fähigkeit getroffen hätte, das heißt eben im Gebrauch der Worte, eine Pest der Sprache, die sich als Verlust von Unterscheidungsvermögen und Unmittelbarkeit ausdrückt, als ein Automatismus, der dazu neigt, den Ausdruck auf die allgemeinsten, anonymsten und abstraktesten Formeln zu verflachen, die Bedeutungen zu verwässern, die Ausdrucksecken und -kanten abzuschleifen und jeden Funken zu ersticken, der beim Zusammenprall der Worte mit neuen Situationen entsteht.

Ich will hier nicht der Frage nachgehen, ob die Ursache dieser Epidemie in der Politik zu suchen ist, in der Ideologie, in der bürokratischen Gleichschaltung, in der Homogenisierung der Massenmedien oder in der Art, wie die Schule eine Kultur des Mittelmaßes verbreitet. Was mich interessiert, sind die Möglichkeiten zu einer Heilung. Die Literatur (und vielleicht nur sie) kann Antikörper bilden, die sich der Ausbreitung dieser Sprachpest entgegenstellen.

Ich möchte hinzufügen, daß es nicht nur die Sprache ist, die mir von dieser Pest befallen zu sein scheint. Auch die Bilder sind es. Wir leben unter einem Dauerregen von Bildern, die mächtigsten Medien tun nichts anderes als die Welt in Bilder zu verwandeln und sie durch eine Phantasmagorie von Spiegelspielen zu vervielfachen: Bilder, denen zum großen Teil die innere Notwendigkeit fehlt, die jedes Bild charakterisieren sollte, in der Form und im Inhalt, im Vermögen, die Aufmerksamkeit auf sich zu ziehen, und im Reichtum an möglichen Bedeutungen. Ein großer Teil dieses Bildergewölks vergeht sofort wie jene Träume, die keine Spur im Gedächtnis zurücklassen; was jedoch nicht vergeht, ist ein Gefühl von Leere und Unbehagen.

Aber vielleicht ist ja diese Inkonsistenz nicht nur eine Krankheit der Bilder und der Sprache, sondern der Welt. Die Pest befällt auch das Leben der Menschen und die Geschichte der Nationen, sie macht alle Geschichten unförmig, zufällig, wirr, ohne Anfang und Ende. Mein Unbehagen betrifft den Verlust an Form, den ich überall konstatiere und dem ich die einzige Abwehr entgegensetze, die ich mir vorstellen kann: eine Idee der Literatur.

Daher kann ich den Wert, den ich heute verteidigen möchte, auch negativ definieren. Bleibt zu prüfen, ob man nicht mit ebenso überzeugenden Argumenten auch die entgegengesetzte These vertreten könnte. So hat zum Beispiel Giacomo Leopardi behauptet, daß die Sprache um so poetischer sei, je vager und ungenauer sie ist.

(Ich erwähne nebenbei, daß das Italienische meines Wissens die einzige Sprache ist, in der das Wort *vago* [vage, unbestimmt] auch die Bedeutung »anmutig, reizvoll« haben kann: dank seiner ursprünglichen Bedeutung [*vagare* = umherschweifen, auf der Wanderschaft sein] schwingt in *vago* eine Idee von Bewegung und Veränderlichkeit mit, die sich im Italienischen ebensogut mit dem Ungewissen und Unbestimmten wie mit der Anmut und dem Liebreiz verbindet.)

Um meinen Kult der Genauigkeit auf die Probe zu stellen, werde ich mir die Stellen im *Zibaldone* noch einmal ansehen, an denen Leopardi das Vage preist.

So schreibt er: »Le parole *lontano, antico* e simili sono poeticissime e piacevoli, perché destano idee vaste, e indefinite« (Die Worte *fern, antik* und dergleichen sind hochpoetisch und angenehm, da sie Vorstellungen von Weite und Unbegrenztheit wecken – 25. September 1821). »Le parole *notte, notturno* ec., le descrizioni della notte sono poeticissime, perché la notte confondendo gli oggetti, l'animo non ne concepisce che un'immagine vaga, indistinta, incompleta, sì di essa che di quanto ella contiene. Così *oscurità, profondo*, ec. ec.« (Die Worte *Nacht, nächtlich* usw. und die Beschreibungen der Nacht sind hochpoetisch, weil, da bei Nacht die Dinge verschwimmen, der Geist nur ein vages, undeutliches, unvollständiges Bild empfängt, sowohl von ihr wie von dem, was sie enthält. Desgleichen *Dunkelheit, Tiefe* usw. usw. – 28. September 1821).

Leopardis Gedanken werden bestens durch seine eigenen Verse belegt, die ihnen die Autorität des durch die Fakten Bewiesenen verleihen. Ich blättere weiter im *Zibaldone* auf der Suche nach anderen Beispielen für diese seine Passion, und da finde ich eine etwas längere Eintragung, in der er besonders geeignete Situationen für die Stimmungslage des *indefinito* aufzählt:

... la luce del sole o della luna, veduta in luogo dov'essi non si vedano e non si scopra la sorgente della luce; un luogo solamente in parte illuminato da essa luce; il riflesso di detta luce, e i vari effetti materiali che ne derivano; il penetrare di detta luce in luoghi dov'ella divenga incerta e impedita, e non bene si distingua, come attraverso un canneto, in una selva, per li balconi socchiusi ec. ec.; la detta luce veduta in luogo, oggetto ec. dov'ella non entri e non percota dirittamente, ma vi sia ribattuta e diffusa da qualche altro luogo od oggetto ec. dov'ella venga a battere; in un andito veduto al di dentro o al di fuori, e in una loggia parimente ec. quei luoghi dove la luce si confonde ec. ec. colle ombre, come sono un portico, in una loggia elevata e pensile, fra le rupi e i burroni, in un valle, sui colli veduti dalla parte dell'ombra, in modo che ne sieno indorate le cime; il riflesso che produce, per esempio, un vetro colorato su quegli oggetti su cui si riflettono i raggi che passano per detto vetro; tutti quegli oggetti insomma che per diverse materiali e menome circostanze giungono alla nostra vista, *udito* ec. in modo incerto, mal distinto, imperfetto, incompleto, o fuor dell'ordinario ec.

... das Licht der Sonne oder des Mondes, gesehen an einem Ort, wo sie nicht zu sehen sind und die Lichtquelle nicht zu erkennen ist; ein Ort, der nur zum Teil von diesem Licht erhellt wird; der Reflex dieses Lichtes und die verschiedenen materiellen Effekte, die sich daraus ergeben; das Eindringen dieses Lichtes in Orte, wo es ungewiß und behindert wird und nicht deutlich zu erkennen ist, wie in einem Röhricht, in einem Wald, durch halbgeschlossene Fensterläden usw. usw.; dasselbe Licht, gesehen an einem Ort, Gegenstand usw., an dem es nicht direkt einfällt, sondern wohin es von einem anderen Ort, Gegenstand usw., auf den es trifft, zurückgeworfen und verbreitet wird; in einem Korridor, von innen oder von außen gesehen, desgleichen in einer Loggia usw., jenen Orten, an denen das Licht sich vermengt usw. mit den Schatten, wie unter einem Portikus, in einer hohen hängenden Loggia, zwischen Felsen und Schluchten, in einem Tal, auf den Hügeln, gesehen von der Schattenseite, so daß ihre Gipfel vergoldet sind; der Reflex, den zum Beispiel ein farbiges Glas auf jenen Objekten hervorruft, auf denen sich die Strahlen, die durch besagtes Glas gehen, brechen; kurzum, alle jene Objekte, die dank verschiedener Materialien und winziger Zufälle auf ungewisse, undeutliche, unvollendete, unvollständige oder ungewöhnliche Weise in unsere Sicht, an unser *Gehör* usw. dringen.

Dies also ist es, was Leopardi von uns verlangt, damit wir die Schönheit des Unbestimmten und Vagen genießen können! Er fordert eine äußerst genaue und pedantische Aufmerksamkeit bei der Komposition jedes Bildes, bei der minutiösen Definition der Details, bei der Wahl der Objekte, der Beleuchtung und der Atmosphäre, um die erwünschte Vagheit zu erreichen. Mithin erweist sich Leopardi, den ich mir als idealen Gegner meiner Apologie der Genauigkeit ausgewählt hatte, als deren entschiedener Befürworter... Der Dichter des Vagen kann nur der Dichter der Präzision sein, der noch die feinste Empfindung mit Augen, Ohren und flinken, sicheren Händen erfaßt. Es lohnt sich, diese Eintragung des *Zibaldone* zu Ende zu lesen; die Suche nach dem Unbestimmten wird zur Beobachtung des Vielfältigen, Wimmelnden, Staubförmigen...

Per lo contrario la vista del sole o della luna in una campagna vasta ed aprica, in in un cielo aperto ec. è piacevole per la vastità della sensazione. Ed è pur piacevole per la vastità della sensazione. Ed è pur piacevole per la ragione assegnata di sopra, la vista di un cielo diversamente sparso di nuvoletti, dove la luce del sole o della luna produca effetti *variati*, e indistinti, e non ordinari ec. È piacevolissima e sentimentalissima la stessa luce veduta nelle città, dov'ella è frastagliata dalle ombre, dove lo scuro contrasta in molti luoghi col chiaro, dove la luce in molte parti degrada appoco appoco, come sui tetti, dove alcuni luoghi riposti nascondono la vista dell'astro luminoso ec. ec. A questo piacere contribuisce la varietà, l'incertezza, il non veder tutto, e il potersi perciò spaziare coll'immaginazione, riguardo a ciò che non si vede. Similmente dico dei simili effetti, che producono gli alberi, i filari, i colli, i pergolati, i casolari, i pagliai, le ineguaglianze del suolo ec. nelle campagne. Per lo contrario una vasta e tutta uguale pianura, dove la luce si spazi e diffonda senza diversità, né ostacolo; dove l'occhio si perda ec. è pure piacevolissima, per l'idea indefinita in estensione, che deriva da tal veduta. Così un cielo senza nuvolo. Nel qual proposito osservo che il piacere della varietà e dell'incertezza prevale a quello dell'apparente infinità, e dell'immensa uniformità. E quindi un cielo variamente sparso di nuvoletti, è forse più piacevole di un cielo affatto puro; e la vista del cielo è forse meno piacevole di quella della terra, e delle campagne ec. perché meno varia (e anche meno simile a noi, meno propria di noi, meno appartenente alle cose nostre ec.). Infatti, ponetevi supino in modo che voi non vediate se non il cielo, separato dalla terra, voi proverete una sensazione molto meno piacevole che considerando una campagna, o considerando il cielo nella sua corrispondenza e relazione colla terra, ed unitamente ad essa in un medesimo punto di vista.

È piacevolissima ancora, per le sopraddette cagioni, la vista di una moltitudine innumerabile, come delle stelle, o di persone ec. un moto molteplice, incerto, confuso, irregolare, disordinato, un ondeggiamento vago ec., che l'animo non possa determinare, né concepire definitamente e distintamente ec., come quello di una folla, o di un gran numero di formiche o del mare agitato ec. Similmente una moltitudine di suoni irregolarmente mescolati, e non distinguibili l'uno dall'altro ec. ec. ec. (20. September 1821).

Umgekehrt ist der Anblick der Sonne oder des Mondes in einer weiten, offenen Landschaft, an einem klaren Himmel usw. erfreulich wegen der Weite der Empfindung. Und erfreulich aus dem oben erwähnten Grunde ist auch der Anblick eines ungleichmäßig mit Wölkchen gesprenkelten Himmels, an dem das Licht der Sonne oder des Mondes *wechselnde*, undeutliche und nicht gewöhnliche usw. Effekte hervorruft. Höchst erfreulich und anrührend ist dasselbe Licht, gesehen in den Städten, wo es durch die Schatten zerhackt wird, wo das Dunkle vielerorts mit dem Hellen kontrastiert, wo das Licht an vielen Stellen nach und nach abnimmt, wie auf den Dächern, wo einige abgeschiedene Orte den Anblick des leuchtenden Gestirns verbergen usw. usw. Zu dieser Freude trägt die Abwechslung bei, die Ungewißheit, die Tatsache, daß man nicht alles sehen kann und daß man daher mit der Phantasie ausschweifen kann in Hinblick auf das, was man nicht sieht. Ähnliches sage ich von den ähnlichen Effekten, welche die Bäume, die Rebenzeilen, die Hügel, die Lauben, die einsamen Hütten, die Heuschober, die Unebenheiten des Bodens usw. in der Landschaft hervorrufen. Umgekehrt ist eine weite und völlig gleichmäßige Ebene, in der das Licht sich unterschiedslos und ohne Hemmnisse ausbreitet und verteilt, in der das Auge sich verliert usw., ebenfalls sehr erfreulich, wegen der Vorstellung von Grenzlosigkeit, die solch ein Anblick hervorruft. Ebenso ein wolkenloser Himmel. Wobei ich zu bedenken gebe, daß die Freude an der Abwechslung und der Ungewißheit diejenige an der scheinbaren Endlosigkeit und der immensen Gleichförmigkeit übertrifft. Und daher ist ein ungleichmäßig mit Wölkchen gesprenkelter Himmel vielleicht erfreulicher als ein gänzlich klarer Himmel; und der Anblick des Himmels ist vielleicht weniger erfreulich als jener der Erde und der Landschaft usw., weil er weniger abwechslungsreich ist (und weniger ähnlich uns selber, weniger zu uns gehörig, weniger zu dem gehörig, was unser ist usw.). Denn in der Tat, legt ihr euch auf den Rücken, so daß ihr nichts anderes seht als den Himmel, getrennt von der Erde, so werdet ihr ein viel weniger angenehmes Gefühl empfinden, als wenn ihr eine Landschaft betrachtet oder wenn ihr den Himmel in seiner Entsprechung und seiner Beziehung zur Erde betrachtet und zusammen mit ihr unter einem selben Blickwinkel.

Höchst erfreulich ist auch, aus den oben erwähnten Gründen, der Anblick einer zahllosen Menge, wie etwa der Sterne, oder von Personen usw., ein vielfältiges, ungewisses, konfuses, irreguläres und ungeordnetes Auf und Ab, ein vages Gewoge usw., das der Geist weder bestimmen noch definitiv und deutlich erfassen kann, wie das einer Menschenansammlung oder einer großen Anzahl von Ameisen oder des aufgewühlten Meeres usw. Ähnlich eine Vielzahl von ungeordnet vermischten Tönen, die nicht voneinander zu unterscheiden sind, usw. usw. usw.

Wir berühren hier einen der Kerne von Leopardis Poetik, den seines schönsten und berühmtesten Gedichts, *L'infinito*. Im Schutz einer Hecke, hinter welcher er nur den Himmel sieht, empfindet der Dichter gleichzeitig Furcht und Vergnügen bei der Vorstellung des unendlichen Raumes. Dieses Gedicht ist von 1819; die zitierten Aufzeichnungen des *Zibaldone* sind zwei Jahre später entstanden und zeigen, daß Leopardi weiter über die Fragen nachdachte, die ihm beim Schreiben des Gedichts gekommen waren. Zwei Begriffe werden in seinen Überlegungen ständig gegenübergestellt: *indefinito* und *infinito*, unbestimmt und unendlich. Für den unglücklichen Hedonisten, der Leopardi war, ist das Unbekannte immer anziehender als das Bekannte, Hoffnung und Einbildungskraft sind der einzige Trost für die Enttäuschungen und Schmerzen der Erfahrung. Daher projiziert der Mensch sein Begehren ins Unendliche, er empfindet Vergnügen nur, wenn er sich vorstellen kann, es habe kein Ende. Da aber der menschliche Geist das Unendliche nicht zu fassen vermag, ja beim bloßen Gedanken daran erschrocken zurückweicht, bleibt ihm nichts anderes übrig, als sich mit dem Unbestimmten zu begnügen, mit den Gefühlen, die sich untereinander vermischen und dadurch einen zwar illusorischen, aber doch angenehmen Eindruck von Grenzenlosigkeit hervorrufen. *E il naufragar m'è dolce in questo mare*: Nicht nur in der berühmten Schlußzeile von *L'infinito* überwiegt das Süße den Schrecken, denn was die Verse durch die Musik der Worte vermitteln, ist stets ein Gefühl von Süße, auch wenn sie die Erfahrung der Angst beschreiben.

Ich merke gerade, daß ich Leopardi nur in Begriffen von Sinneswahrnehmungen erkläre, als ob ich das Bild akzeptierte, daß er selbst von sich zu geben suchte, nämlich als sei er ein Anhänger des Sensualismus im Gefolge von Locke. In Wirklichkeit ist das Problem, das Leopardi sich stellt, ein spekulatives und metaphysisches, ein Problem, das die Geschichte der Philosophie von Parmenides bis Descartes und Kant beherrscht: das Verhältnis zwischen der Idee des Unendlichen, als absoluter Raum und absolute Zeit, und unserer empirischen Erkenntnis von Raum

L'INFINITO

Sempre caro mi fu quest'ermo colle,
e questa siepe, che da tanta parte
dell'ultimo orizonte il guardo esclude.
Ma sedendo e mirando, interminati
spazi di là da quella, e sovrumani
silenzi, e profondissima quiete
io nel pensier mi fingo; ove per poco
il cor non si spaura. E come il vento
odo stormir tra queste piante, io quello
infinito silenzio a questa voce
vo comparando: e mi sovvien l'eterno,
e le morte stagioni, e la presente
e viva, e il suon di lei. Così tra questa
immensità s'annega il pensier mio:
e il naufragar m'è dolce in questo mare.

DAS UNENDLICHE

Immer lieb war mir dieser einsame Hügel
und diese Hecke, die von so weiten Teilen
des letzten Horizontes ausschließt den Blick.
Aber sitzend und schauend, endlose
Räume hinter ihr und übermenschliche
Stille und tiefste Ruhe
stelle ich mir in Gedanken vor; wobei fast
das Herz mir erschrickt. Und wie ich den Wind
rascheln höre durch diese Zweige, beginne ich,
jene unendliche Stille mit diesem Geräusch
zu vergleichen: und mir fällt die Ewigkeit ein
und die toten Jahreszeiten, und die gegenwärtige
lebendige und ihr Klang. So ertrinkt
zwischen diesen Unermeßlichkeiten mein Denken.
Und süß ist mir der Schiffbruch in diesem Meer.

und Zeit. Leopardi beginnt daher mit der abstrakten Strenge einer mathematischen Idee von Raum und Zeit und konfrontiert sie dann mit dem unbestimmten, vagen Flottieren der Sinneswahrnehmungen.

Genauigkeit und Unbestimmtheit sind auch die beiden Pole, zwischen denen sich die ironisch-philosophischen Hypothesen von Ulrich in Musils unvollendetem Roman *Der Mann ohne Eigenschaften* bewegen:

> Ist nun das beobachtete Element die Exaktheit selbst, hebt man es heraus und läßt es sich entwickeln, betrachtet man es als Denkgewohnheit und Lebenshaltung und läßt es seine beispielgebende Kraft auf alles auswirken, was mit ihm in Berührung kommt, so wird man zu einem Menschen geführt, in dem eine paradoxe Verbindung von Genauigkeit und Unbestimmtheit stattfindet. Er besitzt jene unbestechliche gewollte Kaltblütigkeit, die das Temperament der Exaktheit darstellt; über diese Eigenschaft hinaus ist aber alles andere unbestimmt. (Bd. I, Kap. 61, S. 246f.)

Einem Lösungsvorschlag am nächsten kommt Musil, wenn er seinen Protagonisten daran erinnern läßt, daß es »mathematische Aufgaben [gibt], die keine allgemeine Lösung zulassen, wohl aber Einzellösungen, durch deren Kombination man sich der allgemeinen Lösung nähert« (Kap. 83, S. 358), und wenn er hinzufügt, daß diese Methode auch für das menschliche Leben geeignet sein könnte. Viele Jahre später fragt sich ein anderer Schriftsteller, in dessen Geist der Dämon der Exaktheit mit dem der Sensibilität koexistierte, nämlich Roland Barthes in *La chambre claire* (1980), ob es nicht möglich wäre, eine Wissenschaft des Einzigartigen und Unwiederholbaren zu konzipieren: »Warum sollte es nicht irgendwie eine neue

Wissenschaft für jeden einzelnen Gegenstand geben? Eine *mathesis singularis* und nicht mehr *universalis*?«

Wenn Musils Ulrich sich bald resigniert in die Niederlagen schickt, die der Leidenschaft für die Exaktheit zwangsläufig blühen, so hat eine andere große Intellektuellenfigur unseres Jahrhunderts, Paul Valérys Monsieur Teste, keinerlei Zweifel, daß der menschliche Geist sich in der exaktesten und strengsten Weise verwirklichen kann. Und wenn Leopardi, der Dichter des Lebensschmerzes, die größtmögliche Genauigkeit im Benennen jener unbestimmten Gefühle bezeugt, die Vergnügen bereiten, so bezeugt Valéry, der Dichter der unerschütterlichen Strenge des Geistes, die größtmögliche Genauigkeit, wenn er seinen Monsieur Teste mit dem Schmerz konfrontiert und ihn körperliches Leid durch eine Übung in abstrakter Geometrie bekämpfen läßt:

»J'ai,« dit-il... »pas grand'chose. J'ai... un dixième de seconde qui se montre... Attendez... Il y a des instants où mon corps s'illumine... C'est très curieux. J'y vois tout à coup en moi... je distingue les profondeurs des couches de ma chair; et je sens des zones de douleur, des anneaux, des pôles, des aigrettes de douleur. Voyez-vous ces figures vives? cette géométrie de ma souffrance? Il y a de ces éclairs qui ressemblent tout à fait à des idées. Ils font comprende, – d'ici, jusque-là... Et pourtant ils me laissent *incertain*. Incertain n'est pas le mot... Quand *cela* va venir, je trouve en moi quelque chose de confus ou de diffus. Il se fait dans mon être des endroits... brumeux, il y a des étendues qui font leur apparition. Alors, je prends dans ma mémoire une question, un problème quelconque... Je m'y enfonce. Je compte des grains de sable... et, tant que je les vois... – Ma douleur grossissante me force à l'observer. J'y pense! – Je n'attends que mon cri... et dès que je l'ai entendu – l'*objet*, le terrible *objet*, devenant plus petit, et encore plus petit, se dérobe à ma vue intérieure...«

»Ich habe...«, sagte er, »nichts Schlimmes. Ich habe... eine Zehntelsekunde, die aufblitzt... Warten Sie... Es gibt Momente, in denen mein Körper sich erleuchtet... Das ist sehr eigenartig. Ich kann auf einmal in mich hineinsehen... ich erkenne die Dicke der Schichten meines Fleisches; und ich fühle Zonen von Schmerz, Ringe, Pole, Büschel von Schmerz. Sehen Sie diese lebendigen Figuren? diese Geometrie meines Leidens? Es gibt diese Blitze, die ganz ähnlich wie Ideen sind. Sie lassen schlagartig begreifen – von hier bis da... Und doch lassen sie mich *ungewiß*. Ungewiß ist nicht das richtige Wort... Wenn *das* wiederkommt, finde ich in mir etwas Konfuses oder Diffuses. In meinem Wesen bilden sich... Nebelflecken, weite Ebenen tun sich auf. Dann nehme ich mir aus dem Gedächtnis eine Frage vor, irgendein Problem... Ich vertiefe mich darein. Ich zähle die Sandkörner... und solange ich sie sehe... Mein wachsender Schmerz zwingt mich, ihn zu beachten. Ich denke an ihn! – Ich warte nur auf meinen Schrei... und sobald ich ihn gehört habe – verschwindet das *Objekt*, das schreckliche *Objekt*, kleiner und kleiner werdend, aus meiner inneren Sicht...«

Paul Valéry ist in unserem Jahrhundert derjenige, der die Dichtung am besten als ein Streben nach Exaktheit definiert hat. Ich spreche vor allem von seinem Werk als Kritiker und Essayist, in dem sich die Poetik der Exaktheit auf einer Linie verfolgen läßt, die über Mallarmé zu Baudelaire zurückgeht und von Baudelaire zu Edgar Allan Poe.

In Edgar Allan Poe, dem Poe in der Sicht von Baudelaire und Mallarmé, sieht Valéry »den Dämon der Luzidität, das Genie der Analyse und den Erfinder der neuesten und verführerischsten Kombinationen von Logik und Phantasie, Mystizismus und Kalkül, den Psychologen des Exzeptionellen, den literarischen Ingenieur, der alle Ressourcen der Kunst vertieft und nutzt«.

Dies schreibt Valéry in seinem Essay *Situation de Baudelaire*, der für mich den Wert eines ästhetischen Manifests hat, zusammen mit seinem anderen Essay über Poe und die Kosmogonie, in dem er sich mit Poes *Eureka* beschäftigt.

In seinem Essay über *Eureka* befragt sich Valéry über die Kosmogonie, die eher eine literarisches Gattung als eine wissenschaftliche Spekulation ist, und gelangt zu einer brillanten Widerlegung der Idee vom Universum, die zugleich eine Reaffirmation der Kraft des Mythischen ist, welche in jedem Bild vom Universum steckt. Auch hier wieder wie bei Leopardi das Angezogen- und Abgestoßensein vom Unendlichen... Auch hier wieder die kosmologischen Konjekturen als literarische Gattung, wie jene, mit denen sich Leopardi in einigen »apokryphen« Prosaschriften vergnügte: so im *Frammento apocrifo di Stratone da Lampsaco*, worin es um die Entstehung und vor allem das Ende der Erdkugel geht, die sich abflacht und entleert wie der Ring des Saturn und sich verliert, bis sie in der Sonne verbrennt; oder in seiner Übersetzung eines apokryphen talmudischen Textes, dem *Cantico del gallo silvestre* (Gesang des Wildhahns), worin das ganze Universum erlischt und verschwindet: »un silenzio nudo, e una quiete altissima, empieranno lo spazio immenso. Così questo arcano mirabile e spaventoso dell'esistenza universale, innanzi die essere dichiarato né inteso, si dileguerà e perderassi« (eine nackte Stille und eine höchste Ruhe werden den unermeßlichen Raum erfüllen. So wird dieses wunderbare und schreckliche Geheimnis der universalen Existenz, noch bevor es erklärt und verstanden ist, sich auflösen und verlieren). Woran man sieht, daß das Erschreckende und Unfaßbare nicht die endlose Leere ist, sondern die Existenz.

Dieser Vortrag will sich nicht in die Richtung fügen, die ich mir vorgenommen hatte. Ich wollte von der Genauigkeit sprechen, nicht vom Unendlichen und vom Kosmos. Ich wollte über meine Vorliebe für geometrische Formen sprechen, für Symmetrien, für Serien, für die Kombinatorik, für Zahlenproportionen, ich wollte die Dinge erklären, die ich im Zeichen meiner Treue zur Idee einer Grenze, eines Maßes geschrieben habe... Aber vielleicht ist es gerade dieser Wunsch, der die Idee des Unendlichen hervorruft: die Abfolge der ganzen Zahlen, die Euklidischen Geraden... Vielleicht wäre es interessanter, statt über das zu sprechen, was ich geschrieben habe, Ihnen die Probleme zu nennen, die ich noch nicht gelöst habe, bei denen ich nicht weiß, wie ich sie lösen soll und wohin mich das beim Schreiben noch führen wird... Manchmal versuche ich mich auf die Geschichte zu konzentrieren, die ich schreiben will, und merke auf einmal, daß es etwas ganz anderes ist, was mich interessiert, beziehungsweise nicht etwas Bestimmtes, sondern all das, was aus der Sache, die ich schreiben müßte, ausgeschlossen bleibt, die Beziehung zwischen diesem bestimmten Thema und allen seinen möglichen Varianten und Alternativen, allen Ereignissen, die in Zeit und Raum enthalten sein können. Das ist eine verzehrende, destruktive Obsession, die mich völlig lähmen kann. Um sie zu bekämpfen, versuche ich das Gebiet dessen, was ich sagen muß, einzugrenzen, es dann in noch enger begrenzte Felder aufzuteilen, es noch weiter zu unterteilen und so fort. Und dann überfällt mich ein anderer Schwindel, die Leidenschaft für das Detail des Details des Details, und ich verliere mich im Winzigen, im unendlich Kleinen, so wie ich mich vorher im unendlich Weiten verloren hatte.

Das Diktum Flauberts, »der liebe Gott steckt im Detail«, würde ich im Licht der Philosophie von Giordano Bruno erklären, dem großen visionären Kosmologen, der das Universum unendlich und aus unzähligen Welten bestehend sah, es aber nicht »völlig unendlich« nennen konnte da jede einzelne dieser Welten endlich ist; »völlig unendlich« ist einzig Gott, »perché tutto lui è in tutto il mondo, ed in ciascuna sua parte infinitamente e totalmente« (denn er ist zur Gänze in der ganzen Welt, und in jedem ihrer Teile unendlich und völlig).

Von den italienischen Büchern der letzten Jahre ist das, welches ich am gründlichsten gelesen, wiedergelesen und bedacht habe, Paolo Zellinis »Kurze Geschichte des Unendlichen« (*Breve storia dell'infinito*, Adelphi, Mailand 1980). Sie beginnt mit Borges' berühmter Invektive gegen das Unendliche als den »Begriff, der alle anderen verdirbt und verfälscht« (»Sinnfiguren der Schildkröte«, in *Diskussionen*, 1932), und geht dann der Reihe nach alle Argumentationen über das Thema durch, um schließlich die Ausdehnung des Unendlichen aufzulösen und in die Dichte des Infinitesimalen umzukehren.

Dieser Zusammenhang zwischen den formalen Entscheidungen bei der literarischen Komposition und dem Bedürfnis nach einem kosmologischen Modell (oder einem allgemeinen mythologischen Rahmen) besteht, glaube ich, auch bei den Autoren, die ihn nicht ausdrücklich erklären. Die Vorliebe für die geometrisierende Komposition, für die wir, beginnend mit Mallarmé, eine Geschichte in der Weltliteratur nachzeichnen könnten, hat als Hintergrund den Gegensatz Ordnung-Unordnung, der von grundlegender Bedeutung in den modernen Naturwissenschaften ist. Das Universum löst sich in eine heiße Wolke auf, stürzt unaufhaltsam in einen Strudel von Entropie, doch im Innern dieses irreversiblen Prozesses können sich Zonen von Ordnung ergeben, Portionen von Existentem, die nach einer Form streben, privilegierte Punkte, in denen man einen Plan, eine Perspektive zu erkennen meint. Das literarische Werk ist eine dieser winzigen Portionen, in denen das Existierende sich in einer Form kristallisiert, einen Sinn gewinnt, keinen festen, endgültigen, zu steinerner Unbeweglichkeit erstarrten Sinn, sondern einen lebendigen, der wie ein Organismus lebt. Dichtung ist die große Widersacherin des Zufalls, obwohl auch sie ein Kind des Zufalls ist und weiß, daß er am Ende den Sieg davontragen wird. »Un coup de dés jamais n'abolira le hasard.« – Ein glücklicher Wurf schafft den Zufall nicht aus der Welt.

Dies ist der Rahmen, in dem die Aufwertung jener logisch-geometrisch-metaphysischen Verfahrensweisen zu sehen ist, die sich während der ersten Jahrzehnte unseres Jahrhunderts in den bildenden Künsten durchgesetzt haben und dann auch in der Literatur: Der Kristall könnte einer ganzen Kongregation von untereinander sehr verschiedenen Dichtern und Schriftstellern als Emblem dienen – wie Paul Valéry in Frankreich, Wallace Stevens in den Vereinigten Staaten, Gottfried Benn in Deutschland, Fernando Pessoa in Portugal, Ramón Gómez de la Serna in Spanien, Massimo Bontempelli in Italien, Jorge Luis Borges in Argentinien.

Der Kristall mit seiner exakten Facettierung und seiner Fähigkeit, das Licht zu brechen, ist das Perfektionsmodell, das ich seit jeher als Emblem hochgeschätzt habe, und diese Vorliebe ist noch ausgeprägter geworden, seit man weiß, daß bestimmte Eigenheiten der Entstehung und des Wachstums der Kristalle denen der elementarsten biologischen Wesen ähneln und somit gleichsam eine Brücke zwischen der mineralischen Welt und der belebten Materie darstellen.

In einem der wissenschaftlichen Bücher, in die ich hin und wieder die Nase stecke auf der Suche nach Anreizen für meine Phantasie, las ich kürzlich, die Modelle für den Bildungsprozeß der Lebewesen seien »einerseits der *Kristall* (als Bild der Invarianz und Regelmäßigkeit bestimmter Strukturen) und andererseits die *Flamme* (als Bild der Beständigkeit einer äußeren Gesamtform trotz unaufhörlicher innerer Bewegung)«. Ich zitiere aus der Einleitung von Massimo Piattelli-Palmarini zur Dokumentation einer Debatte zwischen Jean Piaget und Noam Chomsky, die 1975 im Centre Royaumont geführt worden war (*Théories du langage, Théories de l'apprentissage*, Seuil, Paris 1980). Die kontrastierenden Bilder der Flamme und des Kristalls veranschaulichen die Alternative, die sich in der Biologie stellt und von dort in die Theorien über die Sprache und die Lernfähigkeiten übernommen wird.

Ich will hier nicht erörtern, welche Implikationen für die Wissenschaftsphilosophie die Position von Piaget hat, der für das Prinzip der »Ordnung durch Lärm« eintritt, also für die Flamme, und welche die von Chomsky, der für das »selbstorganisierende System« ist, also für den Kristall.

Was mich hier interessiert, ist das Nebeneinander dieser beiden Figuren, ihre Zusammenstellung wie in einem jener Embleme aus der Renaissance, von denen ich in der letzten Vorlesung gesprochen habe. Kristall und Flamme, zwei Formen von vollendeter Schönheit, an denen man sich nicht satt sehen kann, zwei Arten von Wachstum in der Zeit, von Verbrauch der umgebenden Materie, zwei moralische Symbole, zwei Absoluta, zwei Kategorien zur Klassifizierung von Fakten, Ideen, Stilen, Gefühlen. Ich habe vorhin eine »Partei des Kristalls« in der Literatur unseres Jahrhunderts angedeutet, und ich denke, eine ähnliche Liste könnte man auch für eine »Partei der Flamme« aufstellen. Ich habe mich immer als einen Anhänger der Kristalle betrachtet, aber die eben zitierte Passage lehrt mich, nicht den Wert zu vergessen, den die Flamme als eine Seinsweise, eine Form der Existenz hat. Ebenso wünschte ich mir, daß jene, die sich als Anhänger der Flamme betrachten, nicht die stille und strenge Lektion der Kristalle aus den Augen verlören.

Ein komplexeres Symbol, das mir die größten Möglichkeiten gegeben hat, die Spannung zwischen geometrischer Rationalität und dem Gewirr der menschlichen Existenzen auszudrücken, ist das der Stadt. Mein dichtestes Buch, in dem ich glaube, am meisten gesagt zu haben, bleibt *Die unsichtbaren Städte*, weil es mir darin gelungen ist, in einem einzigen Symbol alle meine Reflexionen, Erfahrungen und Mutmaßungen zu konzentrieren; und weil ich eine facettenreiche Struktur errichtet habe, in der jeder kurze Text den anderen nahe bleibt in einer Abfolge, die keine Folgerichtigkeit und auch keine Hierarchie impliziert, sondern ein Netz, auf dem man vielerlei Routen verfolgen und vielerlei vielfach verzweigte Schlußfolgerungen ziehen kann.

In den *Unsichtbaren Städten* erweist sich jeder Begriff und jeder Wert als doppelt, auch die Genauigkeit. An einem bestimmten Punkt verkörpert Kublai Khan die rationalistische, geometrisierende oder algebraisierende Neigung des Intellekts und reduziert die (Er-)Kenntnis seines Reiches auf die Kombinatorik der Schachfiguren auf einem Schachbrett: Die Städte, die ihm Marco Polo mit großem Reichtum an Einzelheiten beschreibt, vergegenwärtigt er sich durch verschiedene Positionen der Türme, Läufer, Pferde, Könige, Damen und Bauern auf den schwarzen und weißen Feldern. So gelangt er am Ende zu der Schlußfolgerung, daß der Gegenstand seiner Eroberungen nichts anderes sei als das Holzplättchen, auf dem jede Figur steht: ein Emblem für das Nichts ... Da aber kommt es zu einer dramatischen Wende, denn Marco Polo fordert den Groß-Khan auf, sich etwas genauer anzusehen, was ihm ein bloßes Nichts zu sein scheint:

... Il Gran Kan cercava d'immedesimarsi nel gioco: ma adesso era il perché del gioco a sfuggirli. Il fine d'ogni partita è una vincita o una perdita: ma di che cosa? Qual era la vera posta? Allo scacco matto, sotto il piede del re sbalzato via dalla mano del vincitore, resta il nulla: un quadrato nero o bianco. A forza di scorporare le sue conquiste per ridurle all'essenza, Kublai era arrivato all'operazione estrema: la conquista definitiva, di cui i multiformi tesori dell'impero non erano che involucri illusori, si riduceva a un tassello di legno piallato.

Allora Marco Polo parlò: – La tua scacchiera, sire, è un intarsio di due legni: ebano e acero. Il tassello sul quale si fissa tuo sguardo illuminato fu tagliato in uno strato del tronco che crebbe in un anno di siccità: vedi come si dispongono le fibre? Qui si scorge un nodo appena accennato: una gemma tentò di spuntare in un giorno di primavera precoce, ma la brina della notte l'obbligò a desistere –. Il Gran Kan non s'era fin'allora reso conto che lo straniero sapesse esprimersi fluentemente nella sua lingua, ma non era questo a stupirlo. – Ecco un poro più grosso: forse è stato il nido d'una larva; non d'un tarlo, perché appena nato avrebbe continuato a scavare, ma d'un bruco che rosicchiò le foglie e fu la causa per cui l'albero fu scelto per essere abbattuto... Questo margine fu inciso dall' ebanista con la sgorbia perché aderisse al quadrato vicino, più sporgente...

La quantità di cose che si potevano leggere in un pezzetto di legno liscio e vuoto sommergeva Kublai; già Polo era venuto a parlare dei boschi d'ebano, delle zattere di tronchi che discendono i fiumi, degli approdi, delle donne alle finestre...

... Der Groß-Khan versuchte, sich in das Spiel hineinzuversetzen, aber jetzt war es das Warum des Spiels, das ihm entging. Zweck jeder Partie ist ein Gewinn oder ein Verlust, doch von was? Was war der wirkliche Einsatz? Beim Schachmatt bleibt unter dem durch Siegerhand weggewischten König das Nichts: ein schwarzes oder weißes Feld. Vor lauter Entstofflichung seiner Eroberungen, um sie auf ihr Wesen zurückzuführen, war Kublai zur äußersten Operation gelangt: Die endgültige Eroberung, wovon die vielgestaltigen Schätze des Reiches nichts als illusorische Hüllen waren, beschränkte sich auf ein gehobeltes Holzplättchen.

Da sprach Marco Polo: »Dein Schachbrett, Sire, ist eine Einlegearbeit aus zwei Holzarten: Ebenholz und Ahorn. Das Plättchen, auf dem dein erleuchteter Blick verweilt, wurde aus einem Ring des Stammes geschnitten, der in einem Jahr der Trockenheit gewachsen war: Siehst du, wie die Fasern verlaufen? Hier erkennt man ein gerade angedeutetes Knötchen: Eine Knospe wollte an einem Vorfrühlingstag aufbrechen, doch der nächtliche Rauhreif zwang sie zum Aufgeben.« Der Groß-Khan war sich bislang nicht bewußt geworden, daß der Fremde sich fließend in seiner Sprache auszudrücken vermochte, aber nicht dies war es, was ihn erstaunte. »Da ist eine größere Pore: vielleicht war hier das Nest einer Larve; nicht eines Holzwurms, denn der hätte, kaum ausgekrochen, sofort weitergebohrt, sondern einer Raupe, die die Blätter abnagte und der Grund dafür war, daß man den Baum zum Fällen bestimmte... Hier bei dieser Kante hat der Ebenist den Hohlmeißel angesetzt, damit sie sich der überstehenden des Nachbarfeldes anpaßte...«

Die Menge von Dingen, die man aus einem Stückchen glatten und leeren Holzes lesen konnte, überwältigte Kublai; schon sprach Polo von den Ebenholzwäldern, den Flößen aus Baumstämmen, die die Flüsse hinuntertreiben, den Landestellen, den Frauen an den Fenstern...*

---

* Nach der Übersetzung von Heinz Riedt, Hanser, München 1977, S. 153 f.

Seit ich diese Seite geschrieben habe, ist mir klar geworden, daß mein Streben nach Genauigkeit in zwei Richtungen zielt. Einerseits auf die Reduktion der kontingenten Ereignisse zu abstrakten Mustern, mit denen man Operationen durchführen und Theoreme beweisen kann; andererseits auf die Anstrengung der Sprache, um mit größtmöglicher Präzision den sinnlichen Aspekt der Dinge wiederzugeben.

In Wirklichkeit stand mein Schreiben immer vor zwei divergierenden Möglichkeiten, die zwei verschiedenen Erkenntnisweisen entsprechen: die eine bewegt sich im geistigen Raum einer körperlosen Rationalität, in den man Linien, die Punkte verbinden, Projektionen, abstrakte Formen, Kraftfelder zeichnen kann; die andere bewegt sich in einem von Gegenständen wimmelnden Raum und sucht ein verbales Äquivalent dafür zu schaffen, indem sie die Seite mit Worten füllt, ständig bemüht um minutiöse Anpassung des Geschriebenen an das Nicht-Geschriebene, an die Gesamtheit des Sagbaren und des Nicht-Sagbaren. Es sind dies zwei Arten von Drang zur Genauigkeit, die niemals vollkommen befriedigt werden können: die eine nicht, weil »natürliche« Sprachen immer etwas *mehr* sagen, als formalisierte Sprachen es können, und immer eine gewisse Menge *Geräusch* mit sich bringen, die das Wesentliche der Information verzerrt; die andere nicht, weil sich die Sprache beim Wiedergeben der Fülle und Weite der Welt um uns her als mangelhaft und fragmentarisch erweist und immer etwas *weniger* aussagt, als die Gesamtheit des Erfahrbaren verlangen würde.

Zwischen diesen beiden Wegen schwanke ich immerfort hin und her, und wenn mir scheint, daß ich die Möglichkeiten des einen voll ausgeschöpft habe, werfe ich mich auf den anderen und umgekehrt. So habe ich in den letzten Jahren meine Übungen zur Struktur des Erzählens abgewechselt mit Übungen im Beschreiben, einer heute sehr vernachlässigten Kunst. Wie ein Schüler, dem man die Hausaufgabe »Beschreibe eine Giraffe« oder »Beschreibe den gestirnten Himmel« gestellt hat, bin ich darangegangen, ein Heft mit solchen Übungen zu füllen, und habe daraus ein Buch gemacht. Das Buch heißt *Herr Palomar* und ist eine Art Tagebuch, das minimale Erkenntnisprobleme behandelt, Methoden, um Beziehungen zur Welt herzustellen, die Gratifikationen und Frustrationen, die einem das Schweigen und das Sprechen einbringt.

Bei diesen Experimenten ist mir die Erfahrung der Lyriker nahe gewesen: ich denke an William Carlos Williams, der so minutiös die Blätter des Alpenveilchens beschreibt, der aus den beschriebenen Blättern die Blüte aufknospen läßt und dem es gelingt, dem Gedicht die Leichtigkeit der Pflanze zu geben; ich denke an Marianne Moore, die beim Definieren ihres schuppigen Ameisenfressers und ihres Nautilus und all der anderen Tiere ihres Bestiariums die Angaben der Zoologiebücher mit den symbolischen und allegorischen Bedeutungen vereint, die aus jedem Gedicht eine moralische Fabel machen; und ich denke an Eugenio Montale, von dem man sagen kann, daß er die Ergebnisse beider in seinem Gedicht *L'anguilla* (Der Aal) summiert, einem Gedicht, das aus einem einzigen langen Satz besteht, der die Form eines Aals hat, das ganze Leben des Aals verfolgt und aus dem Aal ein moralisches Symbol macht.

Vor allem aber denke ich an Francis Ponge, der mit seinen kleinen Prosagedichten eine in der zeitgenössischen Literatur einzigartige Gattung geschaffen hat: ebenjenes »Übungsheft« eines Schülers, der sich zunächst einmal darin üben muß, seine Wörter über die Ausdehnung der Aspekte von Welt anzuordnen, was ihm erst nach einer Reihe von Versuchen, Entwürfen und Annäherungen gelingt. Ponge ist für mich ein Meister ohnegleichen, seine kurzen Texte in *Le parti pris des choses* (*Im Namen der Dinge*) und den anderen Sammlungen dieser Art, gleich ob sie von Krabben, Kieseln oder von Seife handeln, sind das schönste Beispiel für einen Kampf mit der Sprache, um sie zu zwingen, die Sprache der Dinge zu werden, eine Sprache, die von den Dingen ausgeht und beladen mit all der Menschlichkeit, die wir in die Dinge investiert haben, zu uns zurückkehrt. Es war die erklärte Absicht von Francis Ponge, durch seine kurzen Texte und ihre elaborierten Varianten ein neues *De rerum natura* zu schaffen; ich glaube, wir können in ihm den Lukrez unserer Zeit erkennen, der die physische Natur der Welt durch das ungreifbare Staubgewimmel der Wörter rekonstruiert.

Meines Erachtens stellt sich das Unternehmen von Ponge auf dieselbe Stufe wie das von Mallarmé, aber in anderer und komplementärer Ausrichtung: bei Mallarmé gelangt das Wort zum Gipfel der Exaktheit, indem es den Gipfel der Abstraktion berührt und auf das Nichts als letzte Instanz der Welt hindeutet; bei Ponge hat die Welt die Form der niedrigsten, unwichtigsten und asymmetrischsten Dinge, und das Wort ist dazu da, uns die unendliche Vielfalt dieser unregelmäßigen und kleinteilig komplizierten Formen bewußt zu machen. Manche glauben, das Wort sei das Mittel, die Substanz der Welt zu erfassen, die letzte, einzige, absolute Substanz; ja, mehr als diese Substanz darzustellen, setze das Wort sich mit ihr gleich (also ist es falsch zu sagen, es sei ein Mittel): es gebe das Wort, das nur sich selbst erkenne, und keine andere Erkenntnis der Welt sei möglich. Andere hingegen verstehen den Gebrauch des Wortes als ein unaufhörliches Verfolgen der Dinge, eine Annäherung nicht an ihre Substanz, sondern an ihre unendliche Vielfalt, eine Berührung ihrer vielgestaltigen, unerschöpflichen Oberfläche. Wie Hofmannsthal gesagt hat: »Die Tiefe muß man verstecken. Wo? An der Oberfläche.« Und Wittgenstein ging noch über Hofmannsthal hinaus, als er sagte: »Was verborgen ist, interessiert uns nicht.«

Ich wäre nicht so drastisch; ich denke, wir sind immerzu auf der Jagd nach etwas Verborgenem oder nur Möglichem oder Hypothetischem, dessen Spuren wir verfolgen, sobald sie an der Oberfläche auftauchen. Ich glaube, unsere elementaren geistigen Mechanismen wiederholen sich seit der Altsteinzeit unserer jagenden und sammelnden Vorfahren quer durch alle Kulturen der menschlichen Geschichte hindurch. Das Wort verbindet die sichtbare Spur mit der unsichtbaren Sache, der abwesenden Sache, der begehrten oder gefürchteten Sache, wie eine zerbrechliche, über den Abgrund geschlagene Behelfsbrücke.

Deswegen ist der richtige Sprachgebrauch für mich derjenige, der mir erlaubt, mich den Dingen (seien sie an- oder abwesend) diskret, aufmerksam und behutsam zu nähern, mit Respekt vor dem, was die Dinge (seien sie an- oder abwesend) wortlos mitteilen.

Das signifikanteste Beispiel eines Kampfes mit der Sprache, um etwas zu erfassen, was sich dem Ausdrucksvermögen noch entzieht, bietet Leonardo da Vinci. Seine Handschriften sind das außergewöhnliche Dokument eines Ringens mit der Sprache, einer widerborstigen und knotigen Sprache, auf der Suche nach einem reicheren, subtileren und genaueren Ausdruck. Die verschiedenen Phasen der Behandlung eines Gedankens, die Francis Ponge schließlich eine nach der anderen veröffentlicht hat, weil das wahre Werk nicht in seiner endgültigen Form besteht, sondern in der Serie von Annäherungen an diese Form, sind für den Schriftsteller Leonardo der Beweis für die Mühe, die er in das Schreiben als Erkenntnismittel gesteckt hat, sowie dafür, daß er – bei allen Büchern, die zu schreiben er sich vornahm – mehr am Arbeitsprozeß als an der Fertigstellung eines publikationsreifen Textes interessiert war. Auch seine Themen ähneln bisweilen denen von

Ponge, wie in den kurzen Fabeln, die er über Objekte oder Tiere geschrieben hat.

Nehmen wir beispielsweise die Fabel vom Feuer. Zunächst gibt uns Leonardo eine kurze Zusammenfassung (das Feuer, beleidigt, weil das Wasser im Topf über ihm ist, obwohl doch das Feuer als das »höhere Element« gilt, läßt seine Flammen immer höher schlagen, bis das Wasser überkocht und das Feuer löscht). Dann arbeitet er die Geschichte in drei sukzessiven Fassungen aus, alle drei unvollendet, in drei Spalten nebeneinander geschrieben, wobei er jedesmal ein paar Details hinzufügt, etwa beschreibt, wie die Flamme aus einer schwachen Glut zwischen die Ritzen des Brennholzes leckt und knisternd aufflackert; aber bald bricht Leonardo ab, als merkte er, daß es keine Grenze für den Detailreichtum gibt, mit dem man auch die einfachste Geschichte erzählen kann. Selbst die Erzählung vom Brennholz, das sich im Herd entzündet, kann von innen her bis ins Unendliche wachsen.

Leonardo, der sich selbst einen »omo sanza lettere«, einen ungebildeten Mann nannte, hatte ein schwieriges Verhältnis zum geschriebenen Wort. Seine Wissensfülle hatte nicht ihresgleichen in der Welt, aber seine Unkenntnis des Lateinischen und der Grammatik hinderten ihn daran, schriftlich mit den Gelehrten seiner Zeit zu verkehren. Sicher war ihm bewußt, daß er vieles von seiner Wissenschaft besser in Zeichnungen als in Worten ausdrücken konnte. »O scrittore, con quali lettere scriverai tu con tal perfezione la intera figurazione qual fa qui il disegno?« (O Schreibender, mit welchen Lettern schreibst du die ganze Darstellung mit derselben Vollendung, wie es die Zeichnung hier tut?), notierte er in seinen anatomischen Heften. Und nicht nur in der Wissenschaft, auch in der Philosophie war er sicher, daß er sich besser malend und zeichnend ausdrücken konnte. Aber er hatte auch unentwegt das Bedürfnis zu schreiben, die Schrift zu gebrauchen, um die Welt in ihren vielfältigen Erscheinungsformen und ihren Geheimnissen zu untersuchen, auch um seine Phantasien, seine Emotionen, seine Ressentiments auszudrücken (wie wenn er gegen die Literaten wettert, die ihm zufolge nur wiederholen können, was sie in den Büchern anderer gelesen haben, im Unterschied zu denen, die wie er zu den »Erfindern und Dolmetschern zwischen der Natur und den Menschen« gehören). Deshalb schrieb er immer mehr. Mit den Jahren hörte er auf zu malen, dachte schreibend und zeichnend, als verfolge er mit seinen Worten und Zeichnungen einen einzigen durchgehenden Diskurs, und füllte seine Hefte mit seiner linkshändigen Spiegelschrift.

Auf Blatt 265 des Codex Atlanticus beginnt Leonardo mit der Sammlung von Beweismaterial für die These, daß die Erde größer wird. Nach Beispielen untergegangener Städte, die vom Erdboden verschluckt worden sind, erwähnt er die im Gebirge gefundenen Meeresfossilien und insbesondere bestimmte Knochen, die, wie er meint, einem vorsintflutlichen Seeungeheuer gehört haben müssen. An diesem Punkt muß seine Phantasie sich bei der Vorstellung, wie das riesige Tier einst die Wellen durchpflügte, entzündet haben. Jedenfalls dreht er das Blatt um und versucht das Bild des Ungeheuers festzuhalten, indem er einen Satz hinschreibt, der die ganze Großartigkeit der Vision wiedergeben soll:

O quante volte fusti tu veduto in fra l'onde del gonfiato e grande oceano, col setoluto e nero dosso, a guisa di montagna e con grave e superbo andamento!

Oh, wie oft wardst du gesehen in den Wellen des aufgewühlten großen Ozeans, mit deinem schrundigen schwarzen Rücken, gleich einem Berg in ernstem und stolzem Fortgang!

Dann versucht er, dem »Fortgang« des Ungeheuers mehr
Schwung zu geben, indem er das Verb *volteggiare* (wirbeln)
einführt:

> E spesse volte eri veduto in fra l'onde del gonfiato e
> grande oceano, e col superbo e grave moto gir volteg-
> giando in fra le marine acque. E con setoluto e nero
> dosso, a guisa di montagna, quelle vincere e sopraffare!

> Und oft wurdest du gesehen in den Wellen des aufge-
> wühlten großen Ozeans, wie du mit stolzer und ernster
> Bewegung wirbelnd durch die Meeresgewässer fuhrst.
> Und wie du mit schrundigem schwarzem Rücken,
> gleich einem Berg, jene [Wellen] besiegtest und nieder-
> machtest!

Aber das Wort *volteggiare* scheint ihm noch zu schwach für
den Eindruck von Größe und Majestät, den er hervorrufen
will, und so wählt er das Verb *solcare* (pflügen), stellt die
ganze Konstruktion um und macht sie mit sicherem litera-
rischem Griff kompakt und rhythmisch:

> O quante volte fusti tu veduto in fra l'onde del gonfiato
> e grande oceano, a guisa di montagna quelle vincere e so-
> praffare, e col setoluto e nero dosso solcare le marine ac-
> que, e con superbo e grave andamento!

> Oh, wie oft wardst du gesehen in den Wellen des aufge-
> wühlten großen Ozeans, wie du gleich einem Berg jene
> [Wellen] besiegtest und niedermachtest und mit deinem
> schrundigen schwarzen Rücken die Meeresgewässer
> pflügtest in stolzem und ernstem Fortgang!

Die Verfolgung dieser Vision, die fast wie ein Symbol der
erhabenen Naturgewalten daherkommt, erlaubt uns einen

kleinen Einblick in die Funktionsweise von Leonardos Phantasie. Ich hinterlasse Ihnen dieses Bild zum Schluß meiner Vorlesung, damit Sie es sich so lange wie möglich im Gedächtnis bewahren mit all seiner Transparenz und seinem Geheimnis.

4

ANSCHAULICHKEIT

Es gibt einen Vers in Dantes *Purgatorio* (XVII, 25), der lautet: »Poi piovve dentro a l'alta fantasia«: »Dann regnete es in die hohe Phantasie hinein.« Ich möchte heute mit dieser Feststellung beginnen: Die Phantasie ist ein Platz, in den es hineinregnet.

Sehen wir uns an, in welchem Kontext dieser Vers aus dem *Purgatorio* steht. Wir befinden uns im Kreis der Zornigen, und Dante schaut Bilder, die sich direkt in seinem Geist formen und biblische oder antike Beispiele für bestraften Zorn darstellen. Dante begreift, daß diese Bilder vom Himmel regnen, ihm also von Gott geschickt werden.

In den verschiedenen Kreisen des Purgatoriums präsentieren sich Dante (außer den Besonderheiten der Landschaft und des Himmelsgewölbes sowie den Begegnungen mit Seelen reuiger Sünder und mit übernatürlichen Wesen) eine Reihe von Szenen, die als Zitate oder Darstellungen von Beispielen für Sünden und Tugenden fungieren – zuerst in Form von Basreliefs, die sich zu bewegen und zu sprechen scheinen, dann als Visionen, die vor seinen Augen aufscheinen, als Stimmen, die an sein Ohr dringen, und schließlich als rein geistige Bilder. Mit anderen Worten, die Visionen verlagern sich immer mehr nach innen, als ginge Dante allmählich auf, daß es keinen Zweck hat, für jeden Kreis eine neue Form von Meta-Repräsentation zu erfinden, so daß er die Visionen auch gleich in den Geist verlagern kann, ohne den Umweg über die Sinne.

Doch zuvor muß er definieren, was er unter Phantasie oder Einbildungskraft versteht, und das tut er in den folgenden zwei Terzinen (XVII, 13–18):

»O imaginativa che ne rube
Talvolta sì di fuor, ch'om non s'accorge
Perché dintorno suonin mille tube,
Chi muove te, se 'l senso non ti porge?
Moveti lume che nel ciel s'informa
Per sé o per voler che giù lo scorge.

O Kraft des Schauens, die uns oft entführet
Ganz außer uns, daß wir es nicht bemerken,
Wenn rings um uns auch tausend Tuben tönten,
Was treibt dich an, wenn nicht die Sinne reizen?
Es treibt dich Licht, das sich im Himmel bildet
Von selbst oder von niederschauendem Willen.*

Es handelt sich selbstverständlich um die »hohe Phantasie«, wie gleich darauf präzisiert wird, das heißt um den höheren Teil der Einbildungskraft, im Unterschied zur körperlichen Phantasie, die sich im Chaos der Träume manifestiert. Nach dieser Klarstellung wollen wir nun versuchen, Dantes Gedankengang zu verfolgen, der treu die Auffassungen der Philosophie seiner Zeit wiedergibt. Ich paraphrasiere:

O Phantasie, die du die Macht hast, dich unseren Fähigkeiten und unserem Willen aufzuzwingen und uns der äußeren Welt zu entreißen, um uns in eine innere Welt zu entführen, wo selbst wenn tausend Trompeten ertönten, wir

---

* Nach der Übersetzung von Hermann Gmelin.

es nicht hören würden – woher kommen die visuellen Botschaften, die du empfängst, wenn nicht aus den im Gedächtnis aufbewahrten Empfindungen? »Es treibt dich Licht, das sich im Himmel bildet«: Nach Dante – wie auch nach Thomas von Aquin – gibt es eine besondere Lichtquelle im Himmel, die ideale Bilder aussendet, welche entweder nach der inneren Logik der imaginären Welt (»von selbst«) oder nach dem Willen Gottes (»von niederschauendem Willen«) geformt sind.

Dante spricht hier von Visionen, die ihm (dem Dante als Figur im Gedicht) beinahe wie Filmprojektionen oder Fernsehbilder auf einem inneren Bildschirm erscheinen, der getrennt ist von dem, was für ihn die objektive Realität seiner unterirdischen Reise ist. Aber dem Dichter Dante erscheint die ganze Reise der Figur Dante so wie diese Visionen; der Dichter muß nicht nur das visuell imaginieren, was sein Protagonist sieht, sondern auch das, was sein Protagonist zu sehen glaubt oder träumt oder sich in Erinnerung ruft oder dargestellt sieht oder erzählt bekommt, so wie er auch den visuellen Inhalt der Metaphern imaginieren muß, deren er sich bedient, um ebendiese visuelle Evokation zu erleichtern. Daher ist es die Rolle der Imagination in der *Divina Commedia*, die Dante zu definieren sucht, und zwar genauer der visuelle Teil seiner Phantasie, der seiner verbalen Erfindung vorausgeht oder mit ihr simultan ist.

Wir können also zwei Arten von Imaginationsprozessen unterscheiden: den, der vom Wort zum visuellen Bild gelangt, und den, der vom visuellen Bild zum verbalen Ausdruck gelangt. Der erste ist der, der normalerweise in der Literatur vorkommt. Wir lesen zum Beispiel eine Romanszene oder eine Zeitungsreportage, und je nach der Anschaulichkeit des Textes sehen wir die Szene vor uns, als spiele sie sich vor unseren Augen ab, oder sehen wenigstens Teile und Einzelheiten der Szene, die aus dem Unbestimmten auftauchen.

Im Kino ist das Bild, das wir auf der Leinwand sehen, auch zuerst durch das Stadium eines geschriebenen Textes gegangen, dann hat es der Regisseur im Geist »gesehen«, dann ist es in seiner Körperlichkeit am Drehort rekonstruiert worden, um schließlich auf dem Zelluloid festgehalten zu werden. Ein Film ist also das Ergebnis einer Abfolge immaterieller und materieller Phasen, in der die Bilder Form annehmen; während dieses Prozesses hat das »mentale Kino« der Einbildungskraft keine geringere Funktion als das reale Herstellen der Sequenzen, wie sie von der Kamera registriert und dann am Schneidetisch montiert werden. Dieses »mentale Kino« ist immerzu in jedem von uns am Werk – und ist es immer gewesen, auch vor der Erfindung des Kinos – und hört nie auf, Bilder vor unser geistiges Auge zu projizieren.

Große Bedeutung hat die visuelle Einbildungskraft bezeichnenderweise in den *Geistlichen Exerzitien* des Ignatius von Loyola. Zu Beginn seines Handbuchs beschreibt er die »visuelle Komposition des Ortes« (*composición viendo el lugar*) in Worten, die wie Instruktionen zur Inszenierung eines Schauspiels klingen: »... bei der visuellen Kontemplation oder Meditation, wie eben beim Betrachten Christi unseres Herrn, welcher zu sehen ist, wird die Komposition darin bestehen, mit der Sicht der Einbildungskraft den physischen Ort zu sehen, an welchem sich die Sache befindet, die ich betrachten will. Ich meine den physischen Ort wie zum Beispiel einen Tempel oder Berg, wo Jesus Christus oder Unsere Liebe Frau ist ...«

Gleich darauf beeilt sich Ignatius zu präzisieren, daß die Kontemplation unserer Sünden nicht visuell sein darf oder sich höchstens – wenn ich ihn richtig verstehe – einer visuellen Phantasie metaphorischer Art bedienen soll (die Seele gefangen im verderblichen Körper).

Etwas später, am ersten Tag der zweiten Woche, beginnt

die geistliche Übung mit einem weiten visionären Panoramaschwenk und spektakulären Massenszenen:

1 °puncto. El primer puncto es ver las personas, las unas y las otras; y primero las de la haz de la tierra, en tanta diversidad, así en trajes como en gestos, unos blancos y otros negros, unos en paz y otros en guerra, unos llorando y otros riendo, unos sanos, otros enfermos, unos nasciendo y otros muriendo, etc.

2°: ver y considerar las tres personas divinas, como en el su solio real o throno de la su divina majestad, cómo miran toda la haz y redondez de la tierra y todas las gentes en tanta çeguedad, y cómo mueren y descienden al infierno.

1. Punkt. Der erste Punkt ist, die Personen zu sehen, die einen und die anderen; und zuerst die auf dem Antlitz der Erde in all ihrer Verschiedenheit, an Kleidung und Gesten, einige weiß und andere schwarz, einige friedlich und andere im Krieg, einige weinend und andere lachend, einige gesund und andere krank, einige beim Geborenwerden und andere beim Sterben usw.

2. die drei göttlichen Personen zu sehen und zu betrachten auf ihrem Königsstuhl oder Thron ihrer göttlichen Majestät, wie sie das ganze Antlitz und Rund der Erde anschauen und alle Menschen in soviel Blindheit, und wie sie sterben und niederfahren zur Hölle.

Der Gedanke, daß der Gott Moses' keine bildliche Darstellung seiner selbst dulden würde, scheint dem Gründer des Jesuitenordens nie gekommen zu sein. Im Gegenteil, man möchte fast meinen, er wolle für jeden Christen die grandiose visionäre Begabung Dantes oder Michelangelos fordern – sogar ohne die Einschränkung, die Dante sich verpflichtet fühlte, im Angesicht der höchsten Himmelsvisionen des Paradieses seiner bildlichen Vorstellungskraft aufzuerlegen.

In den Exerzitien des folgenden Tages (zweite Kontemplation, 1. Punkt) muß der Betrachtende sich selbst ins Spiel bringen und die Rolle eines Akteurs in dem imaginären Drama übernehmen:

> El primer punto es ver las personas, es a saber, ver a Nuestra Señora y a Joseph y a la ancilla y al niño Jesú, después de ser nascido, haziéndome yo un pobrezito y esclavito indigno, mirándolos, contemplándolos y serviéndolos en sus necesidades, como si presente me hallase, con todo acatamiento y reverencia possible; y después reflectir en my mismo para sacar algún provecho.

Der erste Punkt ist, die Personen zu sehen, soll heißen, Unsere Liebe Frau zu sehen und Joseph und die Magd und das eben geborene Jesuskind, indem ich mich selbst zu einem armen Kerl und elenden Sklaven mache und sie anschaue, sie betrachte und sie bediene, wenn sie etwas brauchen, als ob ich bei ihnen wäre, mit aller nur möglichen Andacht und Ehrerbietung; und dann über mich selbst nachzudenken, um einen Nutzen daraus zu ziehen.

Kein Zweifel, mit der visuellen Kommunikation verfügte der gegenreformatorische Katholizismus über ein fundamentales Mittel: durch die emotionalen Reize der sakralen Kunst sollte der Gläubige die Bedeutung der mündlich erteilten Kirchenlehren erfassen. Aber es ging immer darum, von einem gegebenen Bild auszugehen, das die Kirche dem Gläubigen vorgesetzt hatte, nicht von einem, das er sich selbst »einbildete«. Was Loyolas Verfahren unterscheidet, auch gegenüber den gewöhnlichen Andachtsformen seiner Epoche, ist – glaube ich – der Übergang vom Wort zur visuellen Vorstellung als Weg zur Erkenntnis der tieferen Bedeutungen. Auch hier sind Ausgangs- und Endpunkt festgelegt; aber dazwischen tut sich ein Feld unbegrenzter Möglichkeiten auf, die Phantasie einzuschalten, um sich die Personen, Orte und Szenen in Aktion vorzustellen. Der Gläubige wird aufgefordert, sich selber figurenreiche Fresken auf die Wände seines Geistes zu malen, ausgehend von den Anregungen, die seine visuelle Vorstellungskraft sich aus einem theologischen Lehrsatz oder einem lakonischen Bibelvers zu holen vermag.

Kehren wir zur literarischen Problematik zurück und fragen wir uns, wie sich das Bilderreservoir einer Epoche formt, in der die Literatur sich nicht mehr auf eine Autorität beruft oder auf eine Tradition als ihren Ursprung oder ihr Ziel, sondern auf die Neuigkeit setzt, auf die Originalität, die Erfindung. Mir scheint, in dieser Situation neigt sich das Problem der Priorität von visueller Einbildungskraft oder sprachlichem Ausdruck (das ein bißchen dem Problem nach der Priorität von Ei oder Henne ähnelt) entschieden zur Seite der visuellen Einbildungskraft.

Woher »regnen« die Bilder in die Phantasie? Dante hatte zu Recht eine hohe Meinung von sich selbst, so daß er sich nicht scheute, seine Visionen direkt auf göttliche Inspiration zurückzuführen. Die uns zeitlich näher stehenden Autoren (mit Ausnahme einiger seltener Fälle von prophetischem Sendungsbewußtsein) stellen Verbindungen zu eher irdischen Sendern her, zum individuellen oder kollektiven Unbewußten, zur wiedergefundenen Zeit, entdeckt in den sinnlichen Eindrücken, die aus der verlorenen Zeit wiederauftauchen, zu den »Epiphanien« oder Konzentrationen des Seins in einem einzelnen Punkt oder Augenblick. Kurzum, es handelt sich um Prozesse, die, auch wenn sie nicht aus dem Himmel kommen, gleichwohl unsere Absichten und Kontrollmöglichkeiten übersteigen und somit für das Individuum eine Art Transzendenz bekommen. Und es sind auch nicht nur die Dichter und Schriftsteller, die sich das Problem stellen; in ähnlicher Weise stellt es sich auch ein Intelligenz-Forscher wie Douglas R. Hofstadter in seinem berühmten Buch *Gödel, Escher, Bach*, in dem das wahre Problem die Wahl zwischen verschiedenen in die Phantasie »geregneten« Bildern ist. So schreibt er:

»Man denke etwa an einen Schriftsteller, der versucht, gewisse Ideen zu vermitteln, die für ihn in mentalen Bildern enthalten sind. Er ist nicht ganz sicher, wie diese Bilder in seinem Geist zusammenpassen, und so probiert er herum, drückt die Dinge erst auf die eine und dann auf die andere Weise aus und entscheidet sich schließlich für eine der Varianten. Weiß er aber, woher das alles kam? Nur ganz vage. Vieles vom Ursprung ist wie bei einem Eisberg unsichtbar unter Wasser, und das weiß er.«*

Doch vielleicht müssen wir uns zunächst einmal ansehen, wie das Problem bisher gestellt worden ist. Die erschöpfendste, klarste und kompakteste Geschichte der Vorstellungen von der Phantasie (oder Imagination) habe ich in einem Aufsatz von Jean Starobinski gefunden, betitelt *L'empire de l'imaginaire* (in dem Band *La relation critique*, Gallimard, 1970). Aus der neuplatonisch geprägten Magie der Renaissance stammt die Vorstellung von der Phantasie als Kommunikation mit der Weltseele, eine Vorstellung, die später in die Romantik und den Surrealismus eingeht. Sie kontrastiert mit der Vorstellung von der Phantasie als Erkenntnismittel, nach welcher die Phantasie, obwohl sie andere Wege als die wissenschaftliche Erkenntnis beschreitet, mit dieser koexistieren und ihr sogar hilfreich beistehen kann, ja für den Wissenschaftler eine notwendige

---

* Deutsche Ausgabe bei Klett-Cotta, Stuttgart 1985, S. 761.

Phase bei der Formulierung seiner Hypothesen ist. Auf der anderen Seite können die Theorien von der Phantasie als Depositenkammer der Wahrheit des Universums zwar mit einer Naturphilosophie oder auch mit einer bestimmten Art von theosophischer Erkenntnis übereinstimmen, aber sie sind unvereinbar mit der naturwissenschaftlichen Erkenntnis. Es sei denn, man wollte den Bereich des Erkennbaren in zwei Teile zerlegen und der Wissenschaft die äußere Welt überlassen, um die Erkenntnis durch Phantasie auf das Innere des Individuums zu beschränken. In der letztgenannten Position erkennt Starobinski die Methode der Freudschen Psychoanalyse, während die Methode von Jung, die den Archetypen und dem kollektiven Unbewußten universale Gültigkeit zuerkennt, sich mit der Vorstellung von der Phantasie als Teilhabe an der Wahrheit der Welt verbindet.

An diesem Punkt ist die Frage, der ich nun nicht mehr ausweichen kann: in welche der beiden von Starobinski skizzierten Strömungen muß ich meine Auffassung von der Phantasie einordnen? Um eine Antwort geben zu können, muß ich einen kurzen Rückblick auf meine Erfahrung als Schriftsteller werfen, vor allem auf den Teil, der mit phantastischer Literatur zu tun hat. Als ich phantastische Geschichten zu schreiben begann, stellte ich mir noch keine theoretischen Probleme; das einzige, was ich sicher wußte, war, daß am Ursprung jeder meiner Erzählungen ein visuelles Bild gestanden hatte. Eines dieser Bilder war zum Beispiel das eines Mannes, der mittendurch gespalten ist und dessen zwei Hälften unabhängig voneinander weiterleben; ein anderes das eines Jungen, der auf einen Baum klettert und sich von Baum zu Baum weiterhangelt, ohne je wieder auf den Boden herunterzukommen; ein drittes das einer leeren Ritterrüstung, die sich bewegt und spricht, als ob jemand drinsteckte.

Beim Erfinden einer Geschichte ist also das erste, was

mir in den Sinn kommt, ein Bild, das mir aus irgendeinem Grunde bedeutungsvoll erscheint, auch wenn ich seine Bedeutung nicht in diskursiven oder begrifflichen Ausdrücken formulieren könnte. Sobald ich das Bild klar genug im Kopf habe, fange ich an, eine Geschichte daraus zu entwickeln, oder besser gesagt, es sind die Bilder selbst, die das in ihnen enthaltene Potential entfalten und die Geschichte entwickeln, die in ihnen steckt. Um jedes Bild herum bilden sich andere, und so entsteht ein Feld von Analogien, Symmetrien und Oppositionen. Bei der Organisation dieses Materials, das inzwischen nicht mehr nur visuell, sondern auch begrifflich ist, kommt nun auch ein intentionales Handeln von mir ins Spiel, die Absicht, dem Fortgang der Geschichte eine Ordnung und einen Sinn zu geben – beziehungsweise mein Beitrag ist eher der Versuch, zu bestimmen, welche Sinngehalte mit der allgemeinen Ausrichtung, die ich der Geschichte zu geben wünsche, vereinbar sein können und welche nicht, wobei ich stets einen gewissen Raum für mögliche Alternativen lasse. Gleichzeitig wird das Schreiben, der verbale Ausdruck, immer wichtiger; ich würde sagen, sobald ich anfange, die Sache schwarz auf weiß niederzuschreiben, ist das, was zählt, das geschriebene Wort – zuerst als Suche nach einem Äquivalent des visuellen Bildes, dann als kohärente Weiterentwicklung des zu Beginn gewählten stilistischen Ansatzes und schließlich als dominanter Faktor. Von da an ist es das Schreiben, das die Geschichte in die Richtung führt, wo der verbale Ausdruck am flüssigsten läuft, und die visuelle Phantasie muß sehen, daß sie Schritt halten kann.

Bei den *Cosmicomics* ist der Prozeß etwas anders gelaufen, weil der Ausgangspunkt dort jeweils ein Satz aus dem Diskurs der Naturwissenschaften war; das autonome Spiel der visuellen Bilder sollte sich aus diesem begrifflich formulierten Satz ergeben. Ich wollte zeigen, wie das für den

Mythos typische Reden in Bildern aus jedem beliebigen Ansatz hervorgehen kann, sogar aus einer der visuellen Phantasie so fernen Sprache wie der des modernen wissenschaftlichen Diskurses. Auch wenn man die spezialisierteste wissenschaftliche Abhandlung oder das abstrakteste Philosophiebuch liest, kann man plötzlich auf einen Satz stoßen, der unverhofft die bildliche Vorstellungskraft anregt. Wir haben es also mit einem jener Fälle zu tun, in denen das Bild durch einen zuvor geschriebenen Text bestimmt wird (einen Passus oder einzelnen Satz, auf den ich beim Lesen stoße), woraus sich dann eine phantastische Entwicklung sowohl im Geist des Ausgangstextes wie auch in einer ganz eigenständigen Richtung ergeben kann.

Die erste Qfwfq-Geschichte, die ich in den sechziger Jahren geschrieben hatte, *Die Entfernung des Mondes**, war vielleicht noch die am ehesten »surrealistische«, insofern der auf der Gravitationsphysik basierende Ansatz freie Bahn für eine Phantasie von der träumerischen Art ließ. In anderen Cosmicomics wird der Plot von einer Idee geleitet, die sich konsequenter aus dem wissenschaftlichen Ansatz ergibt, dabei aber stets in eine bildhaft-phantastische, affektive Hülle gekleidet ist und von einer monologisierenden oder dialogisierenden Erzählerstimme vorgetragen wird.

Mit einem Wort, mein Vorgehen zielt darauf ab, die spontane Erzeugung von Bildern mit der Intentionalität des diskursiven Denkens zu vereinen. Auch wenn der Eröffnungszug von der visuellen Phantasie vorgenommen wird, die ihre eigene Logik ins Spiel bringt, findet sie sich früher oder später in einem Netz gefangen, in dem deduktives Räsonnement und verbaler Ausdruck ebenfalls ihre Logik geltend machen. Gleichwohl bleiben die visuellen

---

* Deutsch in *Cosmicomics*, Hanser, München 1989, S. 132–150.

Lösungen weiter bestimmend, und manchmal treten sie unversehens auf den Plan, um Situationen zu entscheiden, die weder die Konjekturen des Denkens noch die Ressourcen der Sprache auflösen könnten.

In diesem Zusammenhang noch eine Bemerkung zum Anthropomorphismus in den *Cosmicomics*: Die Naturwissenschaft interessiert mich zwar gerade in meinem Bemühen, über eine anthropomorphe Erkenntnis hinauszugelangen, aber zugleich bin ich überzeugt, daß unsere Phantasie nie anders als anthropomorph sein kann; daher meine anthropomorphe Darstellung eines Universums, in dem der Mensch nie existiert hat, ja in dem man es für höchst unwahrscheinlich halten würde, daß er jemals darin existieren könnte.

Der Moment ist gekommen, die Frage zu beantworten, die ich mir im Hinblick auf die beiden von Starobinski skizzierten Strömungen gestellt hatte: Betrachte ich die Phantasie als ein Mittel zur Erkenntnis oder als Möglichkeit zur Identifikation mit der Weltseele? Nach dem bisher Gesagten müßte ich ein entschiedener Vertreter der ersten Auffassung sein, da für mich das Erzählen die Vereinigung einer spontanen Logik der Bilder mit einem rational durchgeführten Plan ist. Aber gleichzeitig habe ich in der Phantasie immer auch ein Mittel gesucht, zu einer außerindividuellen, nichtsubjektiven Erkenntnis zu gelangen; von daher gesehen wäre es richtig, wenn ich mich eher der zweiten Position zurechnen würde, der des Strebens nach Identifikation mit der Weltseele.

Es gibt indessen noch eine andere Definition, mit der ich mich völlig identifizieren kann, nämlich die von der Phantasie als Repertoire des Möglichen, des Hypothetischen, dessen, was nie existiert hat und vielleicht nie existieren wird, aber existiert haben könnte. In Starobinskis Behandlung der Frage taucht dieser Aspekt auf, als er von Giordano Bruno spricht. Giordano Bruno zufolge ist der *spiri-*

tus phantasticus »mundus quidem et sinus inexplebilis formarum et specierum« – »eine Welt und ein unersättlicher Born von Formen und Bildern«. Das ist es, ich glaube, aus diesem Born der möglichen Vielfalt zu schöpfen ist unverzichtbar für jede Form von Erkenntnis. Der Geist des Dichters und in entscheidenden Augenblicken auch der Geist des Wissenschaftlers funktionieren nach einem Verfahren der Bildassoziation, das die schnellste Methode der Verbindung und Auswahl zwischen den unzähligen Formen des Möglichen und Unmöglichen ist. Die Phantasie ist eine Art elektronische Maschine, die alle irgend möglichen Kombinationen durchprüft und diejenigen auswählt, die einem bestimmten Zweck entsprechen oder einfach die interessantesten, schönsten, amüsantesten sind.

Bleibt noch zu klären, welche Rolle in diesem phantastischen Born das *indirekte* Imaginäre hat, das heißt die Flut der Bilder, die uns von der Kultur geliefert werden, sei's von der Massenkultur oder von anderen Formen der Tradition. Die Frage zieht eine weitere nach sich: Welche Zukunft wird die individuelle Phantasie in dem haben, was man gemeinhin die »Zivilisation des Bildes« nennt? Wird sich die Fähigkeit, Bilder *in Abwesenheit der Dinge* heraufzubeschwören, noch in einer Menschheit entwickeln, die immer mehr von der Sintflut vorfabrizierter Bilder überschwemmt wird? Früher beschränkte sich das visuelle Gedächtnis eines Individuums auf seinen Schatz an direkten Erfahrungen und ein begrenztes Repertoire von kulturell vermittelten Bildern; die Möglichkeit, persönliche Mythen in eine Form zu bringen, ergab sich aus der Art, wie die Bruchstücke dieses Gedächtnisses sich zu unerwarteten und suggestiven Kombinationen fügen ließen. Heute werden wir von einer solchen Menge an Bildern bombardiert, daß wir nicht mehr unterscheiden können zwischen unserer direkten Erfahrung und dem, was wir ein paar Sekunden lang im Fernsehen gesehen haben. Das Gedächtnis wird mit Schichten von Bildersplittern regelrecht zugeschüttet wie eine Müllgrube, in der es immer schwieriger wird, unter all den vielen Formen noch eine einzelne zu unterscheiden.

Wenn ich die Anschaulichkeit in meine Liste der zu bewahrenden Werte mit aufgenommen habe, dann deshalb, um vor der Gefahr zu warnen, daß wir ein fundamentales Vermögen des Menschen verlieren könnten: die Fähigkeit, mit geschlossenen Augen konturenscharfe Bilder zu sehen, aus der Reihung von schwarzen Buchstaben auf einer weißen Seite Farben und Formen aufsteigen zu lassen, in Bildern zu *denken*. Was mir vorschwebt, ist eine Pädagogik der Einbildungskraft, die uns dazu erziehen müßte, unsere innere Sicht zu kontrollieren, ohne sie zu ersticken und ohne sie auf der anderen Seite in eine konfuse, labile Phantasterei verfallen zu lassen, sondern es vielmehr zu erlauben, daß die Bilder sich zu einer Form kristallisieren, zu einer klar definierten, einprägsamen, sich selbst genügenden, »ikastischen« Form.

Natürlich wäre das eine Erziehung, die jeder nur an sich selbst vornehmen könnte, mit von Fall zu Fall erfundenen Methoden und unvorhersehbaren Ergebnissen. Bei mir waren schon die ersten prägenden Eindrücke die eines Kindes der »Zivilisation der Bilder«, obwohl diese noch in den Anfängen steckte, weit entfernt von der heutigen Inflation. Sagen wir, ich bin das Produkt einer Übergangszeit, in der die bunten Illustrationen, die unsere Kindheit begleiteten, in Büchern, Wochenblättern und Spielen, für uns eine große Bedeutung hatten. Ich glaube, die Tatsache, daß ich in jener Zeit geboren bin, hat mich tief geprägt. Meine Phantasiewelt wurde als erstes von den Figuren des *Corriere dei Piccoli* beeinflußt, damals das am weitesten verbreitete italienische Wochenmagazin für Kinder. Ich spreche von einem Abschnitt meines Lebens, der vom dritten bis zum dreizehnten Lebensjahr ging, bevor sich die Kinoleidenschaft bei mir zu einer absoluten Besessenheit auswuchs, die während der ganzen Adoleszenz anhielt. Ja, ich glaube sogar, daß meine entscheidende Phase zwischen dem dritten und sechsten Lebensjahr lag, bevor ich lesen lernte.

In den zwanziger Jahren verbreitete der *Corriere dei Piccoli* in Italien die bekanntesten amerikanischen Comic strips der Zeit: Happy Hooligan, the Katzenjammer Kids, Felix the Cat, Maggie and Jiggs, alle umbenannt mit italienischen Namen. Außerdem gab es italienische Serien, einige von bester Qualität, nach dem graphischen Geschmack und Stil jener Jahre. Damals war das Sprechblasen-System in Italien noch nicht gebräuchlich (es kam erst in den dreißiger Jahren auf, als Mickey Mouse eingeführt wurde); der *Corriere dei Piccoli* zeichnete die amerikanischen Cartoons ohne Sprechblasen nach und ersetzte die Dialoge durch zwei oder vier gereimte Verse unter jedem Cartoon. Aber ich, der ja ohnehin noch nicht lesen konnte, kam bestens ohne die Texte aus, da mir die Bilder vollauf genügten. Ich *lebte* mit dieser kleinen Zeitung, die meine Mutter schon vor meiner Geburt zu kaufen und zu sammeln begonnen hatte und nach Jahrgängen binden ließ. Stundenlang verfolgte ich die Cartoons aller Serien von einer Nummer zur anderen, erzählte mir die Geschichten im Geiste, wobei ich die Szenen auf verschiedene Art interpretierte, erzeugte Variationen, baute die einzelnen Episoden zu längeren Geschichten zusammen, entdeckte, isolierte und kombinierte Konstanten in allen Serien, kontaminierte eine Serie mit der anderen, dachte mir neue Serien aus, in denen Nebenfiguren zu Protagonisten wurden, und so weiter.

Als ich dann lesen lernte, war der Zugewinn nur minimal. Diese simplen Verschen mit paarweisen Reimen lieferten keine erhellenden Informationen; oft waren es über den Daumen gepeilte Interpretationen der Bilder, nicht besser als meine, der Reimeschmied hatte offenbar nicht die geringste Ahnung, was in den Sprechblasen des Originals gestanden hatte, entweder weil er kein Englisch konnte oder weil er mit bereits nachgezeichneten und der Worte beraubten Cartoons arbeiten mußte. In jedem Fall zog ich es vor, die Schriftzeilen zu ignorieren und mich weiter meiner Lieblingsbeschäftigung hinzugeben: die Phantasie *in* den Bildern und Bildfolgen schweifen zu lassen.

Diese Gewohnheit hat sicher zu einer Verzögerung meiner Konzentration auf das geschriebene Wort geführt (die nötige Aufmerksamkeit für die Literatur habe ich erst später und nur mühsam erworben), aber die Literatur der Figuren ohne Worte war für mich zweifellos eine Schule des Fabulierens, des Stilisierens und der Bildkomposition. So glaube ich, daß zum Beispiel die graphische Eleganz, mit der Pat O'Sullivan in einem quadratischen Bildchen den Schattenriß von Felix the Cat auf eine Straße setzt, die sich in einer weiten Landschaft unter einem Vollmond am schwarzen Himmel verliert, für mich ein Vorbild geblieben ist.

Das Verfahren, das ich dann im reifen Alter angewandt habe, um Geschichten aus dem Nach- und Nebeneinander der geheimnisvollen Tarotkarten zu entwickeln, indem ich dieselbe Figur jedesmal anders interpretierte, hatte sicherlich seine Wurzeln in jenen kindlichen Phantastereien über Seiten voller Figuren. Es war eine Art phantastischer Ikonologie, die ich in meinem Buch *Il castello dei destini incrociati* zu entwickeln versuchte – und zwar nicht nur mit den Tarotkarten, sondern auch mit den Bildern der großen Malerei. Tatsächlich habe ich versucht, die Bilder von Carpaccio in San Giorgio degli Schiavoni in Venedig zu interpretieren, wobei ich die Zyklen von St. Georg und St. Hieronymus zusammensah, als wären sie eine einzige

Geschichte, das Leben nur einer Person, um dann mein Leben mit dem jenes Georg-Hieronymus zu identifizieren. Diese phantastische Ikonologie ist mir inzwischen zur gewohnten Art und Weise geworden, meine große Passion für die Malerei auszudrücken: ich habe mir angewöhnt, *meine* Geschichten zu erzählen, indem ich von berühmten Gemälden der Kunstgeschichte ausgehe oder jedenfalls von Figuren, die mich irgendwie beeindruckt haben.

Wir können sagen, es kommen verschiedene Elemente zusammen, um den visuellen Teil der literarischen Phantasie zu bilden: 1. die direkte Beobachtung der realen Welt, 2. deren phantasierte und geträumte Überhöhung, 3. die Bilderwelt, wie sie von der Kultur auf ihren verschiedenen Stufen übermittelt wird, und 4. ein Prozeß des Abstrahierens, Kondensierens und Verinnerlichens der sinnlichen Erfahrung, der von entscheidender Bedeutung sowohl in der Visualisierung wie auch in der Verbalisierung des Denkens ist.

Alle diese Elemente finden sich mehr oder weniger ausgeprägt bei den Autoren, die ich als Vorbilder anerkenne, vor allem in den für die visuelle Phantasie besonders günstigen Epochen, das heißt in den Literaturen der Renaissance, des Barock und der Romantik. In einer Anthologie phantastischer Erzählungen des neunzehnten Jahrhunderts, die ich einmal zusammengestellt habe, bin ich einerseits der visionär-spektakulären Linie nachgegangen, die sich als reiche Ader durch die Erzählungen von Hoffmann, Chamisso, Arnim, Eichendorff, Potocki, Gogol, Nerval, Gautier, Hawthorne, Poe, Dickens, Turgenjew und Leskow zieht und weitergeht bis zu Stevenson, Kipling und Wells. Und parallel dazu habe ich eine andere Linie verfolgt, zum Teil bei denselben Autoren, die das Phantastische aus dem Alltäglichen hervorgehen läßt, als ein nach innen verlegtes, geistiges, unsichtbares Phantastisches, und die bei Henry James kulminiert.

Wird die phantastische Literatur im nächsten Jahrtausend noch möglich sein, angesichts einer wachsenden Inflation von vorfabrizierten Bildern? Zwei Wege stehen uns, scheint mir, von jetzt an offen. 1. Ein Recycling der verbrauchten Bilder in einem neuen Kontext, der ihre Bedeutungen verändert. Die Postmoderne läßt sich als die Tendenz betrachten, einen ironischen Gebrauch von den Bilderwelten der Massenmedien zu machen; oder auch den Sinn für das Wunderbare, wie wir ihn aus der literarischen Tradition ererbt haben, in narrative Mechanismen einzubauen, die seine Fremdheit betonen. 2. Tabula rasa und totaler Neubeginn. Samuel Beckett hat die ungewöhnlichsten Resultate erzielt, indem er die visuellen Elemente und die Sprache auf ein Minimum reduzierte, wie in einer Welt nach dem Weltuntergang.

Vielleicht ist der erste Text, in dem alle diese Probleme bereits enthalten sind, Balzacs Erzählung *Le chef-d'œuvre inconnu* (Das unbekannte Meisterwerk). Und es ist kein Zufall, daß eine Einsicht, die wir prophetisch nennen können, gerade von Balzac gekommen ist, der sich an einem Knotenpunkt der Literaturgeschichte befand, in einer »Grenzsituation«, bald Visionär, bald Realist, bald beides zugleich, immer wie von einer Naturgewalt mitgerissen, aber immer auch sehr bewußt in dem, was er tat.

Die Erzählung *Le chef-d'œuvre inconnu*, an der Balzac von 1831 bis 1837 arbeitete, trug zu Anfang den Untertitel »conte fantastique«, während sie in der Endfassung als »étude philosophique« firmiert. Was in der Zwischenzeit geschehen war, faßt Balzac selbst in einer anderen Erzählung mit den Worten zusammen: »La littérature a tué le fantastique« (die Literatur hat das Phantastische totgeschlagen). Das vollkommne Gemälde des alten Malers

Frenhofer, auf dem nur ein weiblicher Fuß aus einem Chaos von Linien und Farben herausragt, wird in der ersten Fassung (1831 in einer Zeitschrift) von den beiden Malerkollegen Pourbus und Nicolas Poussin noch verstanden und bewundert. »Combien de jouissances sur ce morceau de toile!« (Wieviel Lustgefühl auf diesem Stück Leinwand!). Und selbst das Mädchen, das Modell gestanden hat und das Bild nicht versteht, ist irgendwie davon beeindruckt.

In der zweiten Fassung (ebenfalls 1831, aber in Buchform) enthüllen ein paar hinzugefügte Dialogsätze das Unverständnis der beiden Kollegen. Frenhofer ist immer noch ein erleuchteter Mystiker, der für sein Ideal lebt, aber er ist nun zur Einsamkeit verurteilt. Die endgültige Fassung von 1837 hat darüber hinaus viele Seiten mit technischen Reflexionen über die Malerei sowie einen Schluß, aus dem hervorgeht, daß Frenhofer ein Verrückter ist, der sich am Ende mit seinem angeblichen Meisterwerk einschließen wird, um es zu verbrennen und sich umzubringen.

Die Erzählung ist oft als eine Parabel auf die Entwicklung der modernen Kunst interpretiert worden. Als ich die jüngste dieser Studien las, die von Hubert Damisch (in dem Band *Fenêtre jaune cadmium*, Seuil, Paris 1984), habe ich begriffen, daß die Erzählung auch als eine Parabel auf die Literatur gelesen werden kann, auf die unüberbrückbare Kluft zwischen sprachlichem Ausdruck und sinnlicher Erfahrung und auf die Ungreifbarkeit der visuellen Phantasie. In der ersten Fassung gibt es eine Definition des Phantastischen als des Undefinierbaren:

Pour toutes ces singularités, l'idiome moderne n'a qu'un mot: *c'était indéfinissable...* Admirable expression. Elle résume la littérature fantastique; elle dit tout ce qui échappe aux perceptions bornées de notre esprit; et quand vous l'avez placée sous les yeux d'un lecteur, il est lancé dans l'espace imaginaire...

Für all diese Merkwürdigkeiten hat die moderne Umgangssprache nur ein Wort: *das war unbeschreiblich...* Wunderbarer Ausdruck. Er faßt die phantastische Literatur zusammen; er sagt alles, was den begrenzten Wahrnehmungen unseres Geistes entgeht; und kaum haben Sie ihn einem Leser vorgesetzt, wird er in den imaginären Raum hinausgeschleudert...

In den folgenden Jahren verwarf Balzac die phantastische Literatur, die für ihn Kunst als mystische Erkenntnis des Alls gewesen war, und machte sich an die minutiöse Beschreibung der realen Welt, wie sie ist, immer in der Überzeugung, damit das Geheimnis des Lebens auszudrücken. Da er lange gezögert hatte, ob er Frenhofer zu einem Seher oder einem Narren machen sollte, hat seine Erzählung eine innere Ambiguität behalten, in der ihre tiefere Wahrheit liegt. Die Phantasie des Künstlers ist eine Welt der Möglichkeiten, die zu verwirklichen keinem Werk je gelingen wird; was wir durch das Leben erfahren können, ist eine andere Welt, die anderen Formen von Ordnung und Chaos gehorcht; die Wortschichten, die sich auf den Buchseiten häufen wie die Farbschichten auf der Leinwand, sind wieder eine andere Welt, die gleichfalls unendlich ist, aber besser kontrollierbar, nicht so unempfänglich für eine Form. Das Verhältnis zwischen diesen drei Welten ist jenes *Undefinierbare*, von dem Balzac gesprochen hat; vielleicht nennen wir es lieber *unentscheidbar*, wie das Paradox einer unendlichen Menge, die andere unendliche Mengen in sich enthält.

Der Schriftsteller – ich spreche von dem mit unendlichen Ambitionen, wie Balzac – vollführt Operationen, die das Unendliche seiner Phantasie oder die Unendlichkeit der erfahrbaren Kontingenz (oder beides) mit Hilfe der Unendlichkeit der sprachlichen Möglichkeiten des Schreibens erfassen. Man könnte hier einwenden, daß ein einzelnes Leben, von der Geburt bis zum Tod, nur eine endliche Menge an Informationen aufnehmen kann: Wie also könnte das individuelle Imaginarium und die individuelle Erfahrung über jene Grenze hinausgehen? Nun, ich glaube, daß diese Versuche, dem Strudel des Unzähligen zu entkommen, vergeblich sind. Giordano Bruno hat uns erklärt, daß der »spiritus phantasticus«, aus dem die Phantasie des Schriftstellers Formen und Figuren schöpft, ein Brunnen ohne Grund ist; und was die äußere Realität betrifft, so geht die Balzacsche *Comédie humaine* von der Voraussetzung aus, daß die geschriebene Welt sich in genauer Entsprechung zur lebendigen Welt bilden könne, zu der von heute wie zu der von gestern und der von morgen.

Als phantastischer Schriftsteller hatte Balzac versucht, die Seele der Welt in eine einzige der unendlich vielen vorstellbaren Figuren einzufangen; doch um das zu tun, mußte er das geschriebene Wort mit einer solchen Intensität aufladen und so sehr verdichten, daß es am Ende nicht mehr auf eine Welt außerhalb seiner selbst verwiesen hätte, wie die Linien und Farben in Frenhofers Bild. Als er an diese Schwelle gelangt ist, hält Balzac inne und wechselt das Programm. Schluß mit dem intensiven Schreiben, von nun an wird extensiv geschrieben. Der Realist Balzac wird versuchen, die unendlichen Weiten von Raum und Zeit, die von Vielzahl, von Leben und von Geschichten wimmeln, mit Schrift zu bedecken.

Aber könnte dann nicht geschehen, was in den Bildern von Escher geschieht, die Douglas R. Hofstadter zur Illustration des Gödelschen Unvollständigkeitssatzes zitiert? In einer Bildergalerie steht ein Mann und betrachtet eine Stadtlandschaft, die sich auftut, um auch die Galerie zu enthalten, in der sie hängt, und den Mann, von dem sie betrachtet wird. Balzacs unendliche Comédie humaine muß auch den phantastischen Schriftsteller mit enthalten, der er ist oder war, samt allen seinen unendlichen Phantasien; und sie muß auch den realistischen Schriftsteller mit enthalten, der er ist oder sein möchte, samt seiner Absicht, die Unendlichkeit der realen Welt in seiner menschlichen Komödie einzufangen. (Aber vielleicht ist es die innere Welt des Phantasten Balzac, die die innere Welt des Realisten Balzac enthält, denn eine der unendlichen Phantasien des ersteren fällt zusammen mit der realistischen Unendlichkeit der Comédie humaine ...)

In jedem Fall können alle diese »Realitäten« und »Phantasien« nur durch das Schreiben Form annehmen, nur durch die Schrift, in der Äußerlichkeit und Innerlichkeit, Welt und ich, Erfahrung und Phantasie allesamt aus dem gleichen Wortmaterial zu bestehen scheinen; die vielgestaltigen Visionen der Augen und der Seele finden sich eingefaßt in gleichförmige Reihen von kleinen und großen Buchstaben, Punkten, Kommata, Gedankenstrichen. Seiten voll aneinandergereihter Zeichen, dicht an dicht wie Sandkörner, repräsentieren das farbige Schauspiel der Welt auf einer Fläche, die immer gleich und immer verschieden ist, wie die vom Wind durch die Wüste getriebenen Dünen.

5

VIELSCHICHTIGKEIT

Beginnen wir mit einem Zitat, es stammt aus dem Anfang des Romans *Quer pasticciaccio brutto de via Merulana* von Carlo Emilio Gadda:

Nella sua saggezza e nella sua povertà molisana, il dottor Ingravallo, che pareva vivere di silenzio e di sonno sotto la giungla nera di quella parrucca, lucida come pece e riccioluta come d'agnello d'Astrakan, nella sua saggezza interrompeva talora codesto sonno e silenzio per enunciare qualche teoretica idea (idea generale s'intende) sui casi degli uomini: e delle donne. A prima vista, cioè al primo udirle, sembravano banalità. Non erano banalità. Così quei rapidi enunciati, che facevano sulla sua bocca il crepitio improvviso d'uno zolfanello illuminatore, rivivevano poi nei timpani della gente a distanza di ore, o di mesi, dalla enunciazione: come dopo un misterioso tempo incubatorio. »Già!« riconosceva l'interessato: »il dottor Ingravallo me l'aveva pur detto.« Sosteneva, fra l'altro, che le inopinate catastrofi non sono mai la conseguenza o l'effetto che dir si voglia d'un unico motivo, d'una causa al singolare: ma sono come un vortice, un punto di depressione ciclonica nella coscienza del mondo, verso cui hanno cospirato tutta una molteplicità di causali convergenti. Diceva anche nodo o groviglio, o garbuglio, o gnommero, che alla romana vuol dire gomitolo. Ma il termine giuridico »le causali, la causale« gli sfuggiva preferentemente di bocca: quasi contro sua voglia. L'opinione che bisognasse »riformare in noi il senso della categoria di causa« quale avevamo dai filosofi, da Aristotele o da Emmanuele Kant, e sostituire alla causa le cause era in lui una opinione centrale e persistente: una fissazione, quasi: che gli evaporava dalle labbra carnose, ma piuttosto bianche, dove un mozzicone di sigaretta spenta pareva, pencolando da un angolo, accompagnare la sonnolenza dello sguardo e il quasi-ghigno, tra amaro e scettico, a cui per »vecchia« abitudine soleva atteggiare la metà inferiore della faccia, sotto quel sonno della fronte e delle palpebre e quel nero pìceo della parrucca. Così, proprio così, avveniva dei »suoi« delitti. »Quanno me chiammeno! ... Già. Si me chiammeno a me ... può sta ssicure ch'è nu guaio: quacche gliuommero ... de sberretà ...« diceva, contaminando napolitano, molisano, e italiano.

La causale apparente, la causale principe, era, sì, una. Ma il fattaccio era l'effetto di tutta una rosa di causali che gli eran soffiate addosso a molinello (come i sedici venti della rosa dei venti quando s'avviluppano a tromba in una depressione ciclonica) e avevano finito per strizzare nel vortice del delitto la debilitata »ragione del mondo«. Come si storce il collo a un pollo. E poi soleva dire, ma questo un po stancamente, »ch'i' femmene se retroveno addo' n'i vuò truvà«. Una tarda riedizione italica del vieto »cherchez la femme«. E poi pareva pentirsi, come d'aver calunniato 'e femmene, e voler mutare idea. Ma allora si sarebbe andati nel difficile. Sicché taceva pensieroso, come temendo d'aver detto troppo. Voleva significare che un certo movente affettivo, un tanto o, direste oggi, un quanto di affettività, un certo »quanto di erotia«, si mescolava anche ai »casi d'interesse«, ai delitti apparentemente più lontani dalle tempeste d'amore. Qualche collega un tantino invidioso delle sue trovate, qualche prete più edotto dei molti danni del secolo, alcuni subalterni, certi uscieri, i superiori, sostenevano che leggesse dei libri strani: da cui cavava tutte quelle parole che non vogliono dir nulla, o quasi nulla, ma servono come non altre ad accileccare gli sprovveduti, gli ignari. Erano questioni un po' da manicomio: una terminologia da medici dei matti. Per la pratica ci vuol altro! I fumi e le filosoficherie son da lasciare ai trattatisti: la pratica dei commissariati e della squadra mobile è tutt'un altro affare: ci vuole della gran pazienza, della gran carità: uno stomaco pur anche a posto: e, quando non traballi tutta la baracca dei taliani, senso di responsabilità e decisione sicura, moderazione civile; già: già: e polso fermo. Di queste obiezioni così giuste lui, don Ciccio, non se ne dava per inteso: seguitava a dormire in piedi, a filosofare a stomaco vuoto, e a fingere di fumare la sua mezza sigheretta, regolarmente spenta.

In seiner Weisheit und seiner molisischen Armut unterbrach der Doktor Ingravallo, der vom Schweigen und Schlaf sich zu nähren schien unter dem schwarzen Dschungel seiner Mähne, die wie Pech glänzte und gekräuselt war wie ein Astrachanlämmchen, in seiner Weisheit unterbrach er bisweilen jenen Schlaf und jenes Schweigen, um irgendeine theoretische Idee auszusprechen (eine allgemeine Idee selbstverständlich) über die Lebensfälle und Zustände der Menschen: und die der Frauen. Auf den ersten Blick, das heißt, beim ersten Anhören, schienen es Gemeinplätze. Es waren keine Gemeinplätze. Daher lebten diese flüchtigen Aussprüche, die auf seinem Mund wie das plötzliche erhellende Aufflammen eines Schwefelhölzchens knisterten, in den Gehörgängen der Leute nach Stunden oder nach Monaten wieder auf: wie nach einer geheimnisvollen Inkubationszeit. »Stimmt«, sagte dann der Betroffene, »der Doktor Ingravallo hatte es mir ja gesagt!« So behauptete er unter anderem, daß die unvorhersehbaren Katastrophenfälle nie die Folge oder die Auswirkung, wie man es nennen möchte, eines einzigen Motives, einer einzigen Ursache seien: sie seien vielmehr ein Strudel, ein zyklonischer Depressionspunkt im Weltgewissen, auf welchen eine Vielzahl von konvergierenden Ursachen hingearbeitet hätte. Er sprach auch von einem Knoten oder einem Wirrwarr, von einem Verhau, einem Knuddel, was soviel bedeutete wie Knäuel. Vor allem aber entschlüpfte ihm immer wieder der juristische Ausdruck »Ursachen, ursächlich«, als ob er ihm gegen seinen Willen über die Lippen käme. Die Ansicht, daß es not täte, »in uns den Sinn für die Kategorie der Ursachen zu erneuern«, den Begriff, wie wir ihn von den Philosophen übernommen haben, von Aristoteles bis Kant, und anstelle der Ursache die Ursachen zu setzen, das war ihm ein zentrales und hartnäckiges Anliegen: beinahe eine fixe Idee: und sie wölkte ihm immer wieder von den fleischigen, aber ziemlich farblosen Lippen, wo ein erloschener Zigarettenstummel, vom Mundwinkel hängend, die Schläfrigkeit des Blickes zu begleiten schien, und jene Quasi-Grimasse, gemischt aus Bitterkeit und Skepsis, hinter der er aus »alter« Gewohnheit die untere Hälfte seines Gesichts verbarg, unter dem Dämmerschlaf der Stirn und der Lider und der Pechschwärze seiner Mähne. Auf diese Weise, genau auf diese Weise nämlich begegnete er »seinen« Kriminalfällen. »Wenn man mich holt …! Ja, mich wenn man holt …, da kann man sicher sein, daß es stinkt, daß irgendein Sauhaufen, irgendein Kuddelmuddel daliegt zum Auseinanderklauben …« sagte er und verwob in seiner Sprache Neapolitanisch, Molisanisch und Italienisch.

Die treibende Ursache, die prinzipielle Ursache, ja, das war eine einzige. Aber das Verbrechen war die Auswirkung einer ganzen Windrose von Ursachen, die wie ein Mühlrädchen in Schwung gesetzt worden war (genau wie die sechzehn Winde der Windrose sich zur zyklonischen Depression einer Windhose verdichten), um schließlich im Wirbelsturm des Deliktes die geschwächte »Welträson« abzuwürgen. Wie man einem Huhn den Hals umdreht. Und dann pflegte er hinzuzufügen, ein wenig lahm jedoch: »Weiber findet man hinter jedem Dreck, man kann suchen, wo man will.« Eine späte italische Version des Gebotes *cherchez la femme*. Und dann schien ihn der Ausspruch zu reuen, als hätte er das weibliche Geschlecht beleidigt und wollte sich's anders überlegen. Aber damit wäre der Diskurs in schwierige Bahnen geraten. So schwieg er nachdenklich, als fürchte er, zuviel gesagt zu haben. Er wollte andeuten, daß ein gewisses Gefühlsmoment, bis zu einem gewissen Grad, würde man heute sagen, ein Affektgehalt, ein »Quantum Erotica« sich auch in die »Geldverbrechen« mische, in jene Fälle also, die dem Anschein nach weitab liegen von den Stürmen der Liebe. Einige seiner Kollegen, die ihm seine Scharfsinnigkeiten neideten, einige Pfarrer, die etwas aufgeklärter waren über die vielen Schäden des Weltlichen, ein paar Untergebene, gewisse Türsteher und Amtsdiener, die Vorgesetzten schließlich, behaupteten, daß er seltsame Bücher läse: aus denen sauge er alle jene Ausdrücke, die gar keinen Sinn hätten, oder fast keinen, die aber wie nichts anderes geeignet seien, die Ungebildeten mundtot zu machen. Das waren Probleme fast wie fürs Irrenhaus: eine Terminologie wie die der Irrenhausärzte. In der Praxis war damit nichts anzufangen. Diesen Gehirnrauch und diese Philosophistereien sollte man lieber den Gelehrten überlassen. Die Praxis der Kommissariate und der Bereitschaftspolizei bewegt sich auf einer anderen Ebene: da braucht man vor allem einen Haufen Geduld, viel Erbarmen und außerdem einen guten Magen, der was verträgt: und, damit nicht die ganze Italiener-Bude gleich ins Wackeln kommt, Verantwortungsgefühl und sichere Entschlußkraft, ein gesetztes Wesen, ja, ja: und eine feste Hand. Diesen ganzen sehr berechtigten Einwänden lieh er, Don Ciccio, sozusagen kein Ohr: er fuhr fort, im Stehen zu schlafen, auf leeren Magen zu philosophieren und so zu tun, als ob er seine halbe Zigarette weiterrauche, die regelmäßig ausgegangen war.*

Ich wollte mit diesem Zitat beginnen, weil es sich, wie mir scheint, sehr gut zur Einführung ins Thema der heutigen Vorlesung eignet, das heißen könnte: der zeitgenössische Roman als Enzyklopädie, als Erkenntnismethode und vor allem als Netz von Verbindungen zwischen den Geschehnissen, den Personen und den Angelegenheiten der Welt.

Ich hätte auch andere Autoren nehmen können, um diese Grundströmung des Romans in unserem Jahrhundert zu exemplifizieren. Ich habe Gadda nicht nur genommen, weil er ein Landsmann von mir war, der bei Ihnen relativ wenig bekannt ist (auch wegen seines besonders komplexen Stils, der auch im Italienischen Schwierigkeiten bereitet), sondern vor allem, weil seine Philosophie sehr gut zu meinem Thema paßt, da er die Welt als ein »System von Systemen« betrachtet, in dem jedes einzelne System die anderen konditioniert und von ihnen konditioniert wird.

Carlo Emilio Gadda hat zeit seines Lebens versucht, die Welt als ein Wirrwarr oder Knäuel oder Knuddel darzustellen, ohne die geringste Abschwächung ihrer unentwirrba-

---

* Nach der Übersetzung von Toni Kienlechner, *Die gräßliche Bescherung in der Via Merulana*, Piper, München 1961, S. 6–9.

ren Komplexität, oder besser gesagt: der gleichzeitigen Präsenz unterschiedlichster Elemente, die zusammenwirkend jedes Ereignis bestimmen.

Zu dieser Ansicht ist Gadda durch seine geistige Prägung, sein schriftstellerisches Temperament und seine Neurose gelangt. Von der geistigen Prägung her war Gadda ein Ingenieur mit naturwissenschaftlicher Bildung, technischen Kompetenzen und einer echten Leidenschaft für die Philosophie. Letztere hielt er sozusagen geheim: erst in seinen nachgelassenen Schriften fand man den Entwurf zu einem philosophischen System, das auf Spinoza und Leibniz fußt. Als Schriftsteller hat Gadda – der als eine Art italienisches Gegenstück zu Joyce gilt – einen Stil ausgearbeitet, der seiner komplexen Epistemologie entspricht, indem er ganz verschiedene hohe und niedere Sprachebenen übereinanderschichtet und die unterschiedlichsten Vokabulare benutzt. Als Neurotiker schließlich bringt Gadda sein ganzes Ich in sein Schreiben ein, mit allen seinen Ängsten und Obsessionen, so daß oft der Plan verlorengeht, während die Details wuchernd wachsen, bis sie das ganze Bild füllen. Was als Kriminalroman angelegt war, bleibt am Ende ohne Lösung; man kann aber sagen, daß alle Romane von Gadda im Stadium unvollendeter Werke oder Fragmente geblieben sind, gleichsam Ruinen ehrgeiziger Projekte, denen man noch ansieht, wie prächtig und mit welch penibler Sorgfalt sie konzipiert worden waren.

Um sich ein Bild davon zu machen, wie Gaddas Enzyklopädismus in einer fertigen Konstruktion aussehen kann, muß man sich an seine kürzeren Texte halten, zum Beispiel ein Rezept für die Zubereitung von »Risotto alla milanese«, das ein Meisterwerk der italienischen Prosa und der praktischen Wissensvermittlung ist durch die Art, wie er der Reihe nach alles beschreibt: zuerst die Reiskörner, die noch nicht ganz aus ihrer Hülse (dem »Perikarp«, wie er präzisiert) befreit sein dürfen, dann die am besten geeigneten Kasserollen, den Safran, die verschiedenen Phasen des Kochens. Ein anderer Text von ähnlicher Art behandelt die Bautechnik, die nach der Einführung des Eisenbetons und der Hohlziegel nicht mehr fähig ist, unsere Häuser vor Hitze und Lärm zu schützen; es folgt eine groteske Beschreibung seines Lebens in einem modernen Mietshaus und seines obsessiven Horchens auf alle Geräusche, die aus den Nachbarwohnungen an sein Ohr dringen.

In diesen kurzen Texten, wie auch in jeder Episode von Gaddas Romanen, erscheint noch der geringste Gegenstand als Zentrum eines Beziehungsgeflechts, dem nachzugehen der Autor sich nicht enthalten kann, wodurch er die Details derart vervielfacht, daß seine Beschreibungen und Abschweifungen ins Unendliche ausufern. Von jedem beliebigen Punkt aus öffnet sich der Diskurs immer mehr, um immer weitere Horizonte zu umfassen, und wenn er sich kontinuierlich nach allen Seiten so weiterentwickeln könnte, würde er schließlich das ganze Universum umfassen.

Das beste Beispiel für dieses Flecht- oder Netzwerk, das von jedem Gegenstand aus in alle Richtungen wuchert, ist die Wiederentdeckung der gestohlenen Juwelen im neunten Kapitel der *Gräßlichen Bescherung in der Via Merulana*.*
Wir erfahren von jedem einzelnen Edelstein die geologische Geschichte, die chemische Zusammensetzung, die historischen und kunsthandwerklichen Hintergründe sowie auch sämtliche möglichen Bestimmungen und die bildlichen Assoziationen, die er weckt. Die grundlegende kritische Studie über die implizite Epistemologie in Gaddas Schreiben, Gian Carlo Roscionis Untersuchung »Die prästabilierte Disharmonie« (*La disarmonia prestabilita*,

---

* Op. cit., S. 335–340.

Einaudi, Turin 1969), beginnt mit einer Analyse dieser fünf Seiten über die Juwelen. Danach erklärt Roscioni, wie diese Erkenntnis der Dinge, gesehen als »unendliche Beziehungen, vergangene und zukünftige, wirkliche und mögliche, die in ihnen konvergieren«, für Gadda verlangt, daß alles exakt benannt, beschrieben, in Raum und Zeit eingeordnet wird. Das geschieht durch Ausbeutung des semantischen Potentials der Wörter, der ganzen Vielfalt verbaler und syntaktischer Formen mit ihren Konnotationen und Färbungen und den oft komischen Effekten, die durch ihre Konfrontation entstehen.

Eine groteske Komik mit Momenten von wilder Verzweiflung kennzeichnet Gaddas Sicht. Noch bevor die Wissenschaft offiziell den Grundsatz anerkannt hatte, daß die Beobachtung das Beobachtete in gewisser Weise verändert, wußte Gadda bereits: »conoscere è inserire alcunché nel reale; è, quindi, deformare il reale« (erkennen heißt, etwas ins Wirkliche einführen, also die Wirklichkeit deformieren). Daher seine Eigenart der stets deformierenden Darstellung und daher auch die Spannung, die er stets zwischen sich und den dargestellten Dingen herstellt, so daß, je mehr die Welt sich vor seinen Augen deformiert, desto mehr auch die Person des Autors in diesen Prozeß mit einbezogen und somit er selbst deformiert und erschüttert wird.

Die Erkenntnisleidenschaft führt Gadda somit von der Objektivität der Welt zu seiner eigenen nervösen Subjektivität, und das ist für einen Menschen, der sich selber nicht mag, ja sich verabscheut, eine schreckliche Qual, die er ausführlich in seinem Roman *La cognizione del dolore* dargestellt hat. In diesem autobiographischsten seiner Bücher hat Gadda einmal einen Wutausbruch gegen das Pronomen »ich«, in den er auch gleich alle anderen Pronomen als die Parasiten des Denkens mit einbezieht:

L'io, io!... il più lurido di tutti i pronomi! [...] I pronomi! Sono i pidocchi del pensiero. Quando il pensiero ha i pidocchi, si gratta come tutti quelli che hanno i pidocchi... e nelle unghie, allora... ci ritrova i pronomi: i pronomi di persona...

Das Ich, Ich!... das schäbigste aller Pronomen! [...] Die Pronomen! Das sind die Läuse der Gedanken. Wenn das Denken Läuse hat, dann kratzt sich's wie alle, die Läuse haben... und unter den Nägeln... da findet man dann die Pronomen... die persönlichen Fürwörter...*

Definiert sich Gaddas Schreiben durch diese Spannung zwischen rationaler Exaktheit und frenetischer Deformation als elementaren Komponenten jedes Erkenntnisprozesses, so hat in denselben Jahren ein anderer technisch-naturwissenschaftlich und philosophisch gebildeter Schriftsteller, auch er Ingenieur, nämlich Robert Musil, die Spannung zwischen mathematischer Exaktheit und dem Ungefähr der menschlichen Ereignisse durch eine ganz andere Schreibweise ausgedrückt: eine flüssige, ironische und kontrollierte. Musils Traum war eine Mathematik der Einzellösungen:

Aber er hatte noch etwas auf der Zunge gehabt; etwas von mathematischen Aufgaben, die keine allgemeine Lösung zulassen, wohl aber Einzellösungen, durch deren Kombination man sich der allgemeinen Lösung nähert. Er hätte hinzufügen können, daß er die Aufgabe des menschlichen Lebens für eine solche ansah. Was man ein Zeitalter nennt – ohne zu wissen, ob man Jahrhunderte, Jahrtausende oder die Spanne zwischen Schule und Enkelkind darunter verstehen soll –, dieser breite,

---

* Nach der Übersetzung von Toni Kienlechner, *Die Erkenntnis des Schmerzes*, Piper, München 1964, S. 114.

ungeregelte Fluß von Zuständen würde dann ungefähr ebensoviel bedeuten wie ein planloses Nacheinander von ungenügenden und einzeln genommen falschen Lösungsversuchen, aus denen, erst wenn die Menschheit sie zusammenzufassen verstünde, die richtige und totale Lösung hervorgehen könnte.

In der Straßenbahn erinnerte er sich auf dem Heimweg daran. (*Der Mann ohne Eigenschaften*, I, S. 358)

Für Musil ist Erkenntnis das Bewußtsein der Unvereinbarkeit zweier entgegengesetzter Pole; den einen davon nennt er bald Exaktheit, bald Mathematik, bald reinen Geist, bald auch militärische Denkungsart, den anderen bald Seele, bald Irrationalität, bald Menschlichkeit und bald Chaos. Alles, was er weiß oder denkt, legt er in einem enzyklopädischen Buch nieder, das er in der Form des Romans zu halten sucht, das aber ständig seine Struktur verändert und ihm zwischen den Händen zerfällt, so daß er nicht nur nicht imstande ist, den Roman zu beenden, sondern nicht einmal seine Grundzüge festzulegen, um die enorme Materialmenge in präzise Grenzen zu fassen. Vergleicht man die beiden Ingenieur-Schriftsteller – Gadda, für den Verstehen hieß, sich in das Beziehungsgeflecht mit einbeziehen zu lassen, und Musil, der den Eindruck erweckt, er verstünde immer alles in der Vielschichtigkeit der Codes und Ebenen, ohne sich jemals hineinziehen zu lassen –, so muß man auch diese beiden gemeinsame Eigenheit berücksichtigen: die Unfähigkeit, ein Ende zu finden.

Auch Proust hat seinen Enzyklopädie-Roman nicht beenden können, aber gewiß nicht aus Mangel an Planung, bedenkt man, daß ihm die Idee der *Recherche* auf einen Schlag kam, samt Anfang, Ende und Grundzügen, sondern weil das Werk sich kraft seines eigenen Lebensprinzips von innen heraus immer mehr verdichtete und erweiterte. Das alles mit allem verbindende Geflecht ist auch Prousts Thema, aber bei ihm besteht dieses Geflecht aus raumzeitlichen Punkten, die nacheinander von jedem Wesen besetzt werden, was eine unendliche Vervielfachung der Dimensionen des Raumes und der Zeit mit sich bringt. Die Welt erstreckt sich so weit, bis sie unerreichbar wird, und Erkenntnis erfolgt für Proust durch das Leiden an dieser Unerreichbarkeit. In diesem Sinne ist die Eifersucht, die der Erzähler für Albertine empfindet, eine typische Erkenntniserfahrung:

> Et je comprenais l'impossibilité où se heurte l'amour. Nous nous imaginons qu'il a pour objet un être qui peut être couché devant nous, enfermé dans un corps. Hélas! Il est l'extension de cet être à tous les points de l'espace et du temps que cet être a occupés et occupera. Si nous ne possédons pas son contact avec tel lieu, avec telle heure, nous ne le possédons pas. Or nous ne pouvons toucher tous ces points. Si encore ils nous étaient désignés, peut-être pourrions-nous nous étendre jusqu'à eux. Mais nous tâtonnons sans le trouver. De là la défiance, la jalousie, les persécutions. Nous perdons un temps précieux sur une piste absurde et nous passons sans le soupçonner à côté du vrai. (*La Prisonnière*, ed. Pléiade, III, S. 100)

Und ich verstand die Unmöglichkeit, die der Liebe entgegensteht. Wir bilden uns ein, ihr Gegenstand sei ein Wesen, das vor uns ruhend daliegen kann und in einem Körper eingeschlossen ist. Aber ach! Ihr Gegenstand ist vielmehr die Erstreckung dieses Wesens bis zu allen Punkten des Raumes und der Zeit, welche es je berührt hat und berühren wird. Wenn wir nicht seinen Kontakt mit diesem oder jenem Ort, dieser oder jener Stunde besitzen, so besitzen wir es nicht. Nun aber können wir ja nicht alle diese Punkte berühren. Wenn sie uns wenigstens genau bezeichnet wären, könnten wir uns vielleicht bis zu ihnen ausdehnen. So aber tasten wir umher, ohne sie zu finden. Daher das Mißtrauen, die Eifersucht, die heimliche Nachstellung. Wir verlieren kostbare Zeit in der Verfolgung einer sinnlosen Spur und gehen, ohne es zu ahnen, dicht an der Wahrheit vorbei.*

Diese Passage steht auf derselben Seite der *Prisonnière*, auf der auch die leicht erzürnbaren Gottheiten des Telephons vorkommen. Wenige Seiten später erleben wir eine der ersten Flugzeugausstellungen, so wie wir im voraufgegangenen Band die Automobile an die Stelle der Kutschen treten sahen, wodurch sich das Verhältnis von Raum und Zeit derart änderte, daß »auch die Kunst dadurch verändert wird« (*l'art en est aussi modifié*, op. cit. II, S. 996). Dies nur, um zu zeigen, daß Proust, was technische Kenntnisse angeht, sich vor den beiden oben zitierten Ingenieur-Schriftstellern nicht zu verstecken braucht. Die Heraufkunft der modernen Technik, die wir Schritt für Schritt in der *Recherche* sich abzeichnen sehen, gehört nicht nur zum »Zeitkolorit« des Werkes, sondern unmittelbar zu seiner Form, seiner inneren Logik, seinem Bestreben, die Vielfalt des Schreibbaren in die Kürze des sich verbrauchenden Lebens zu fassen.

In der ersten Vorlesung hatte ich mit den Dichtungen von Lukrez und Ovid begonnen und mit dem Modell eines Systems unendlicher Beziehungen zwischen allen und allem, das sich in jenen beiden so verschiedenen Werken findet. In der heutigen Vorlesung können wir, denke ich, die Bezugnahmen auf die Literatur der Vergangenheit auf ein Mini-

* Nach der Übersetzung von Eva Rechel-Mertens, *Auf der Suche nach der verlorenen Zeit*, Bd. 8: *Die Gefangene*, Suhrkamp, Frankfurt a. M. 1956, 1979, S. 2882.

mum beschränken: auf das wenige, was genügt, um zu zeigen, wie die Literatur unserer Zeit den Anspruch der Antike übernimmt, die Vielschichtigkeit der – aktuellen wie potentiellen – Beziehungsgeflechte darzustellen.

Übertriebener Ehrgeiz in den Zielsetzungen mag auf vielen Gebieten tadelnswert sein, nicht jedoch in der Literatur. Die Literatur lebt nur, wenn sie sich maßlose Ziele setzt, auch jenseits aller Realisierungsmöglichkeiten. Nur wenn Dichter und Schriftsteller sich Projekte vornehmen, die andere nicht einmal zu denken wagen, behält die Literatur eine Funktion. Seit die Wissenschaft den allgemeinen Erklärungen mißtraut und nur noch einzelfachliche Teillösungen duldet, besteht die große Herausforderung an die Literatur darin, die verschiedenen Arten von Wissen und die verschiedenartigen Codes in einer vielschichtigen und umfassenden Sicht der Welt vernetzen zu können.

Ein Schriftsteller, der dem Ehrgeiz seiner Projekte gewiß keine Grenzen setzte, war Goethe, der 1781 an Charlotte von Stein schrieb, er trage sich mit dem Gedanken an einen »Roman über das Weltall«. Wir wissen nicht, wie er diesen Gedanken ins Werk zu setzen gedachte, aber schon die Tatsache, daß er den Roman als die literarische Form gewählt hatte, die imstande sein würde, das ganze Universum zu erfassen, war sehr zukunftsträchtig. Ungefähr um dieselbe Zeit schrieb Lichtenberg: »Ich glaube, daß ein Gedicht auf den leeren Raum einer großen Erhabenheit fähig wäre.« Das Weltall und der leere Raum: wir werden auf diese beiden Begriffe noch zurückkommen, zwischen denen wir den Zielpunkt der Literatur oszillieren sehen und die oft zusammenzufallen scheinen.

Ich entnehme die Verweise auf Goethe und Lichtenberg dem faszinierenden Buch von Hans Blumenberg, *Die Lesbarkeit der Welt*, in dessen letzten Kapiteln die Geschichte dieser ehrgeizigen Idee verfolgt wird, von Novalis, der sich vornimmt, ein »absolutes Buch« zu schreiben, das ihm abwechselnd als eine »Enzyklopädistik« oder eine »neue Bibel« vorschwebt, bis zu Alexander von Humboldt, der mit *Kosmos* sein Projekt einer »Beschreibung des physischen Universums« abschließt.

Der mein Thema am unmittelbarsten betreffende Teil von Blumenbergs Buch ist das Kapitel XIX, das sich unter der Überschrift »Das leere Weltbuch« mit Mallarmé und Flaubert befaßt. Schon immer war ich davon fasziniert, daß Mallarmé, dem es in seinen Gedichten gelungen ist, dem Nichts eine unvergleichlich kristalline Form zu geben, die letzten Jahre seines Lebens mit dem Projekt eines absoluten Buches als letztem Ziel des Universums verbrachte – eine geheimnisvolle Arbeit, von der er jede Spur zerstört hat. Desgleichen fasziniert mich der Gedanke, daß Flaubert, der am 16. Januar 1852 an Louise Colet geschrieben hatte, »ce que je voudrais faire, c'est un livre sur rien« (was ich gern machen würde, wäre ein Buch über nichts), die letzten zehn Jahre seines Lebens dem enzyklopädischsten Roman widmete, der je geschrieben worden ist: *Bouvard et Pécuchet*.

Bouvard et Pécuchet ist zweifellos der eigentliche Stammvater der Sorte Romane, die ich heute Revue passieren lasse, auch wenn die pathetische und erheiternde Reise durch das universale Wissen, die da von den beiden Don Quijotes der Wissenschaftsgläubigkeit des neunzehnten Jahrhunderts unternommen wird, sich als eine einzige Folge von Schiffbrüchen darstellt. Für die beiden naiven Autodidakten erschließt jedes Buch eine neue Welt, aber es sind Welten, die sich gegenseitig ausschließen oder mit ihren Widersprüchen jede Chance einer Gewißheit zerstören. Soviel guten Willen sie auch immer aufbringen mögen, den beiden Schreibern fehlt jene Art von subjektiver Grazie, die es einem erlaubt, die Ideen dem Gebrauch anzupassen, den man von ihnen machen will, oder dem billigen Vergnügen, das man aus ihnen ziehen will – eine Gabe also, die man sich nicht aus Büchern erwirbt.

Ungewiß bleibt, wie der Schluß des unvollendet gebliebenen Romans zu verstehen ist, in dem Bouvard und Pécuchet auf ihr Projekt, die Welt zu verstehen, verzichten und beschließen, sich in das Los von Schreibern zu schicken und künftig nur noch die Bücher der universalen Bibliothek abzuschreiben. Müssen wir daraus schließen, daß in Bouvards und Pécuchets Erfahrung die Begriffe »Enzyklopädie« und »Nichts« miteinander verschmelzen? Aber hinter den beiden Romanfiguren steht der Autor Flaubert, der sich zwangsläufig, um die Abenteuerlust seiner beiden Helden Kapitel für Kapitel mit neuem Stoff zu versorgen, auf jedem Wissengebiet eine Kompetenz verschaffen muß, um damit ein Wissenschaftsgebäude zu errichten, das dann die beiden zerstören können. Deswegen liest Flaubert Lehrbücher über Acker- und Gartenbau, Chemie, Anatomie, Medizin, Geologie und wer weiß was noch alles. In einem Brief vom August 1873 schreibt er, er habe zu diesem Zweck 194 Bücher gelesen und exzerpiert; im Juni 1874 ist die Zahl schon auf 294 gestiegen, fünf Jahre später kann er Zola vermelden: »Meine Lektüre ist beendet, und ich schlage kein Buch mehr auf, bis mein Roman fertig ist.« Doch wenig später finden wir ihn bereits wieder in kirchengeschichtliche Werke vertieft, danach beschäftigt er sich mit Pädagogik, und diese Disziplin zwingt ihn erneut, einen Fächer unterschiedlichster Wissenschaften aufzuschlagen. Im Januar 1880 schreibt er: »Wissen Sie, wie viele Bände es sind, die ich mir für meine beiden Freunde habe aneignen müssen? Mehr als 1500!«

Die enzyklopädische Epopöe der beiden Autodidakten wird mithin durch ein parallellaufendes titanisches Unternehmen in der Realität verdoppelt: Flaubert selbst verwandelt sich in eine universale Enzyklopädie, indem er mit einer Leidenschaft, die dem Wissensdrang seiner Helden in nichts nachsteht, das ganze Wissen verschlingt, das sie sich anzueignen versuchen, und darüber hinaus auch noch jenes, das ihnen verschlossen bleiben wird. Soviel Mühe und Aufwand, bloß um die Nichtigkeit des Wissens zu demonstrieren, wie es von den beiden Autodidakten gesammelt wird? (»Du défaut de méthode dans les sciences« – »Über den Mangel an Methode in den Wissenschaften« hieß der Untertitel, den Flaubert seinem Roman geben wollte, wie aus einem Brief vom 16. Dezember 1879 hervorgeht.) Oder ging es ihm eher um die Nichtigkeit des Wissens *überhaupt*?

Ein enzyklopädischer Romancier unseres Jahrhunderts, Raymond Queneau, hat einen Essay zur Verteidigung der beiden Flaubertschen Helden gegen die Anklage der Dummheit geschrieben (ihr Fluch sei, »épris d'absolu« zu sein, dem Absoluten verfallen, und weder Widersprüche noch Zweifel zu dulden) sowie zur Verteidigung Flauberts gegen den simplizistischen Vorwurf, ein »Feind der Wissenschaft« zu sein.

»Flaubert ist *für* die Wissenschaft«, erklärt Queneau, »in genau dem Maße, wie sie skeptisch, reserviert, methodisch, vorsichtig und human ist. Er verabscheut die Dogmatiker, die Metaphysiker und die Philosophen.« *(Bâtons, chiffres et lettres)*

Flauberts Skeptizismus, zusammen mit seiner unstillbaren Wißbegier für alles in den Jahrhunderten zusammengetragene menschliche Wissen, ist die Erbschaft, die sich die größten Schriftsteller des zwanzigsten Jahrhunderts zu eigen machen werden; doch bei ihnen möchte ich von einer aktiven Skepsis sprechen, von einem Sinn für das Spiel und die Wette im hartnäckigen Bemühen um die Herstellung von Beziehungen zwischen Diskursen, Methoden und Bedeutungsebenen. Erkenntnisstreben als Streben nach Vielschichtigkeit heißt der Faden, der sich durch die größten Werke zieht, sowohl in dem, was man die Moderne nennt, wie auch in der sogenannten Postmoderne, ein Faden, von dem ich mir wünschte, daß er sich – jenseits aller Etiketten – im nächsten Jahrtausend weiterspinnt.

Erinnern wir uns, daß das Buch, das wir als die kompletteste Einführung in die Kultur unseres Jahrhunderts betrachten können, ein Roman gewesen ist: Thomas Manns *Zauberberg*. Man kann in der Tat sagen, daß von der geschlossenen Welt jenes Alpensanatoriums alle Fäden ausgehen, die von den Meisterdenkern des Jahrhunderts weitergesponnen werden sollten; alle Themen, die noch heute diskutiert werden, sind dort angekündigt und aufgeführt worden.

Was in den großen Romanen des zwanzigsten Jahrhunderts Gestalt annimmt, ist die Idee einer *offenen* Enzyklopädie – eine Wortverbindung, in der das Adjektiv freilich im Widerspruch zum Substantiv steht, steckt doch etymologisch gesehen in dem Wort »Enzyklopädie« der Anspruch, das gesamte Wissen der Welt durch Einschluß in einen Kreis zu erfassen. Heute ist keine Totalität mehr denkbar, die nicht potentiell, konjektural und multipel wäre.

Im Unterschied zur mittelalterlichen Literatur, die zu Werken neigte, welche die Integration des menschlichen Wissens in eine Ordnung und eine Form von stabiler Kompaktheit ausdrückten – wie in der *Divina Commedia*, wo ein vielfältiger sprachlicher Reichtum und die Anwendung eines einheitlichen systematischen Denkens konvergieren –, entstehen die modernen Bücher, die wir am meisten lieben, aus dem Zusammenfluß und Zusammenstoß einer Vielzahl von Interpretationsmethoden, Denkweisen und Ausdrucksformen. Auch wenn der allgemeine Rahmen minutiös geplant worden ist, kommt es nicht darauf an, daß er sich in einer harmonischen Figur schließt, sondern daß eine zentrifugale Kraft aus ihm hervorgeht, eine Pluralität von Sprachen als Garantie einer nicht-partiellen Wahrheit. Das beweisen gerade die beiden großen Autoren unseres Jahrhunderts, die sich am meisten auf das Mittelalter berufen haben, T. S. Eliot und James Joyce, beide Dante-Verehrer, beide von einem starken theologischen Bewußtsein geprägt (wenn auch mit unterschiedlichen Intentionen). T. S. Eliot löst den theologischen Heilsplan in die Leichtigkeit der Ironie und den schwindelerregenden Wortzauber auf. Joyce, der alle Absichten hat, ein systematisches und enzyklopädisches Opus zu schaffen, das sich gemäß der mittelalterlichen Hermeneutik auf mehreren Ebenen interpretieren läßt (er stellt Entsprechungstafeln zwischen den Kapiteln seines *Ulysses* und den Teilen des menschlichen Körpers, seinen Gliedern, Farben und Symbolen auf), realisiert vor allem die Enzyklopädie der Stile, Kapitel für Kapitel im *Ulysses* oder durch Beförderung der polyphonen Vielschichtigkeit in das Wörtergeflecht von *Finnegans Wake*.

Es wird Zeit, in die Sammlung der Fälle, die ich als Beispiele für Vielschichtigkeit aufgeführt habe, ein wenig Ordnung zu bringen.

Da gibt es den einheitlichen Text, der als Diskurs einer einzelnen Stimme erscheint, sich aber dann als auf mehreren Ebenen interpretierbar erweist. Hier geht der erste Preis für originelle Erfindung und Kunstfertigkeit an Alfred Jarry für seine Tour de force *L'amour absolu* (1899), eine Fünfzig-Seiten-Novelle, die sich als drei völlig verschiedene Geschichten lesen läßt: 1. als die letzte Nachtwache eines zum Tode Verurteilten, der in seiner Zelle auf die Exekution wartet; 2. als Monolog eines an Schlaflosigkeit Leidenden, der im Halbschlaf träumt, er sei zum Tode verurteilt; 3. als die Geschichte von Jesus Christus.

Dann gibt es den mehrfachen Text, der die Einheitlichkeit eines denkenden Ich durch eine Vielzahl von Subjekten, Stimmen, Betrachtungsweisen der Welt ersetzt, nach jenem Modell, das Michail Bachtin »dialogisch« oder »polyphon« oder »karnevalesk« genannt hat und dessen Entwicklung er von Platon über Rabelais bis zu Dostojewski nachgegangen ist.

Dann gibt es das Werk, das im Bestreben, alles nur irgend Mögliche zu umfassen, keine Form und keine Struktur findet und daher aufgrund seiner Wesensart unvollendet bleibt, wie wir es bei Musil und Gadda gesehen haben.

Schließlich gibt es das Werk, das in der Literatur dem entspricht, was in der Philosophie das nichtsystematische Denken ist, das durch Aphorismen, durch jähe und diskontinuierliche Lichtblitze vorgeht, und hier ist der Moment gekommen, einen Autor zu zitieren, den ich nie müde werde zu lesen: Paul Valéry. Ich spreche von seinem Prosawerk, das aus Kurzessays von wenigen Seiten und Notaten von wenigen Zeilen in seinen *Cahiers* besteht. »Une philosophie doit être portative« – »Eine Philosophie muß tragbar sein«, hat er notiert (XXIV, 713), aber auch: »J'ai cherché, je cherche et chercherai pour ce que je nomme le Phénomène Total, c'est-à-dire le Tout de la conscience, des relations, des conditions, des possibilités, des impossibilités...« – »Ich habe gesucht, ich suche und werde weitersuchen nach dem, was ich das Totale Phänomen nenne, das heißt das Ganze des Bewußtseins, der Beziehungen, der Bedingungen, der Möglichkeiten und Unmöglichkeiten...« (XII, 722).

Unter den Werten, von denen ich mir wünschte, daß sie ins nächste Jahrtausend weitergereicht würden, liegt mir vor allem dieser am Herzen: eine Literatur, die sich den Sinn für geistige Ordnung und Genauigkeit, die Intelligenz der Poesie und zugleich die der Wissenschaft und der Philosophie so sehr zu eigen gemacht hat wie die des Essayisten und Prosaisten Valéry. (Und wenn ich hier Valéry in einem Kontext erwähne, in dem die Namen von Romanciers vorherrschen, so kann ich das deshalb tun, weil er, der kein Romancier war, ja der geradezu – dank eines berühmt gewordenen Bonmots – als Liquidator der traditionellen Erzählweise galt, auch ein Kritiker war, der Romane wie kein anderer zu interpretieren verstand, gerade indem er ihre Besonderheit als Romane definierte.)

Wenn ich sagen müßte, wer in der erzählenden Literatur Valérys ästhetischem Ideal der Exaktheit in Phantasie und Sprache am nächsten gekommen ist, indem er Werke geschaffen hat, die der strengen Geometrie des Kristalls und der Abstraktion einer deduktiven Schlußfolgerung entsprechen, so würde ich ohne Zögern Jorge Luis Borges nennen. Die Gründe meiner Vorliebe für Borges sind damit noch nicht erschöpft, ich will versuchen, die wichtigsten aufzuzählen: Jeder seiner Texte enthält ein Modell des Universums oder eines Attributs des Universums (die Unendlichkeit, das Unzählige, die Zeit als ewige oder gegenwärtige oder zyklische); stets sind es kurze Texte von nur wenigen Seiten mit einer exemplarischen Sparsamkeit im Ausdruck; oft haben seine Erzählungen die äußere Form eines Genres der populären Literatur, also Formen, die sich durch langen Gebrauch bewährt haben und ihnen beinahe mythische Strukturen verleihen. So präsentiert sich zum Beispiel sein schwindelerregender Versuch über die Zeit, *El jardín de los senderos que se bifurcan* (Der Garten der Pfade, die sich verzweigen), als eine Spionagegeschichte, die eine logisch-metaphysische Erzählung enthält, die ihrerseits die Beschreibung eines endlosen chinesischen Romans enthält, das Ganze komprimiert auf gerade ein Dutzend Seiten.*

Die Hypothesen über die Zeit, die Borges in dieser Erzählung vorträgt, jede enthalten (und fast versteckt) in nur wenigen Zeilen, sind: erstens die Idee einer punktförmigen Zeit, sozusagen ein absolutes subjektives Präsens

* Deutsch in *Gesammelte Werke* 3/I, Hanser, München 1981, S. 155–167.

(»… reflexioné que todas las cosas le suceden a uno precisamente, precisamente ahora. Siglos de siglos y sólo en el presente ocurren los hechos; innumerables hombres en el aire, en la tierra y el mar y todo lo que realmente pasa me pasa a mi…« – »… ich überlegte, daß alle Dinge genau einem geschehen, genau jetzt. Jahrhunderte um Jahrhunderte, und nur in der Gegenwart geschehen die Dinge; zahllose Menschen in der Luft, am Boden und auf See, und alles, was wirklich geschieht, geschieht mir…«); zweitens die Idee einer willensbestimmten Zeit, in der sich die Zukunft ebenso unwiderruflich darstellt wie die Vergangenheit; und schließlich die zentrale Idee der Erzählung: eine vielfältige und verzweigte Zeit, in der jede Gegenwart sich in zwei Zukünfte aufteilt, um ein wachsendes Netz zu bilden, »una red creciente y vertiginosa de tiempos divergentes, convergentes y paralelos« (ein wachsendes und schwindelerregendes Netz von auseinander- und zusammenstrebenden und parallelen Zeiten). Diese Idee einer unendlichen Anzahl von gleichzeitigen Universen, in denen alle Möglichkeiten in allen möglichen Kombinationen verwirklicht werden, ist jedoch in der Erzählung keine Digression, sondern die entscheidende Bedingung dafür, daß der Protagonist sich ermächtigt fühlt, das absurde und schauerliche Verbrechen zu begehen, das sein Spionageauftrag von ihm verlangt, kann er doch nun sicher sein, daß der Mord nur in *einem* der vielen Universen geschieht und in den anderen nicht, ja daß, wenn er den Mord hier und jetzt begeht, sein Opfer und er sich in anderen Universen sogar als Freunde und Brüder begrüßen können.

Das Modell vom Netz der Möglichkeiten kann somit in den wenigen Seiten einer Borges-Erzählung konzentriert sein, es kann aber auch als tragende Struktur für lange und überlange Romane dienen, in denen die Konzentrationsdichte sich in den einzelnen Teilen reproduziert. Allerdings würde ich sagen, daß heutzutage die Regel des »knappen Schreibens« auch von den langen Romanen bestätigt wird, die zumeist eine kumulative, modulare oder kombinatorische Struktur aufweisen.

Auf diesen Überlegungen beruht mein Vorschlag dessen, was ich einen »Hyperroman« nenne und wofür ich ein Beispiel mit *Wenn ein Reisender in einer Winternacht* zu geben versucht habe. Meine Absicht war, die Essenz des Romanhaften auszudrücken, indem ich sie in zehn Romananfängen kondensierte, die sich auf ganz verschiedene Weise aus einem gemeinsamen Kern entwickeln und sich in einem Rahmen bewegen, der sie bestimmt und von ihnen bestimmt wird. Dasselbe Prinzip, gewissermaßen eine Musterkollektion der potentiellen Vielschichtigkeit des Erzählbaren aufzublättern, liegt auch meinem Tarotkartenbuch *Das Schloß, darin sich Schicksale kreuzen* zugrunde, das intendiert war als eine Art Maschine zur Multiplikation der Erzählstränge, ausgehend von figürlichen Elementen mit vielen möglichen Bedeutungen wie eben den Tarotkarten. Mein Temperament hält mich zum »knappen Schreiben« an, und Strukturen dieser Art erlauben mir, die Dichtheit in Erfindung und Ausdruck mit dem Sinn für die unendlichen Möglichkeiten zu vereinen.

Ein anderes Beispiel für das, was ich »Hyperroman« nenne, ist *La vie mode d'emploi* (Das Leben. Gebrauchsanweisung) von Georges Perec, ein sehr langer, aber aus vielen sich überschneidenden Geschichten zusammengesetzter Roman (nicht umsonst trägt er die Gattungsbezeichnung »Romane«, im Plural), der die Lust an den großen Zyklen à la Balzac wieder aufleben läßt.

Ich halte dieses Buch, das 1978 in Paris erschienen ist, vier Jahre bevor der Autor im Alter von nur sechsundvierzig Jahren starb, für das bislang letzte wirkliche Ereignis in der Geschichte des Romans. Und dies aus vielerlei Gründen, als da wären: der grenzenlose und dennoch solide zu

Ende geführte Plan, die Neuheit der literarischen Durchführung, das Kompendium einer erzählerischen Tradition und die enzyklopädische Summe von Wissensinhalten, die ein Bild der Welt entstehen lassen, der Sinn für ein Heute, das auch aus akkumulierten Vergangenheiten und aus dem Schwindel vor der Leere besteht, das ständige Mitschwingen von Ironie und von Angst – kurzum, die ganze Art und Weise, wie hier die Verfolgung eines strukturellen Projekts und das Unwägbare der Poesie ineinsfallen.

Das Puzzle gibt dem Roman das Modell für den Plot und zugleich die Form. Ein anderes Modell ist der Aufschnitt eines typischen Pariser Mietshauses, in dem die gesamte Handlung abläuft, ein Kapitel pro Zimmer, fünf Etagen mit Wohnungen, deren Möbel und Einrichtungsgegenstände einzeln aufgezählt werden und deren Besitzerwechsel wir ebenso detailliert erfahren wie die Lebensgeschichten ihrer Bewohner samt Vorfahren und Nachkommen. Der Grundriß des Hauses erweist sich als ein »Biquadrat« von zehn mal zehn Quadraten, ein Schachbrett, auf dem Perec von einem Feld (oder Zimmer, oder Kapitel) zum andern mit dem Rösselsprung wechselt, nach einer bestimmten Ordnung, die es ihm erlaubt, nacheinander alle Felder zu berühren. (Sind es hundert Kapitel? Nein, es sind genau neunundneunzig, dieses ultrakomplette Buch läßt bewußt einen Spalt für das Unvollendete.)

Dies ist sozusagen der Behälter. Was den Inhalt betrifft, so hat Perec Themenlisten aufgestellt, unterteilt nach Kategorien, und beschlossen, daß in jedem Kapitel von jeder Kategorie ein Thema, wenn auch nur angedeutet, vorkommen muß, und zwar so, daß die Kombinationen immerfort variieren nach bestimmten mathematischen Verfahrensweisen, die ich zwar nicht definieren könnte, an deren Exaktheit ich aber nicht zweifle. (Ich habe Perec während der neun Jahre, die er an diesem Roman gearbeitet hat, zwar häufig gesehen, aber ich kenne nur einige wenige seiner geheimen Regeln.) Diese thematischen Kategorien sind nun nicht weniger als 42 an der Zahl und umfassen literarische Zitate, geographische Orte, historische Daten, Möbel, Objekte, Stile, Farben, Speisen, Tiere, Pflanzen, Mineralien und ich weiß nicht, was noch alles, so wie ich auch nicht weiß, wie er es angestellt hat, diese seine Regeln selbst in den kürzesten und komprimiertesten Kapiteln einzuhalten.

Um der Willkürlichkeit des Daseins zu entgehen, muß sich Perec, wie sein Protagonist, strenge Regeln auferlegen (auch wenn diese Regeln ihrerseits willkürlich sind). Das Wunder ist jedoch, daß diese Poetik, die man gekünstelt und mechanisch nennen würde, im Ergebnis eine unbegrenzte Freiheit und einen unerschöpflichen Reichtum an Erfindungen hervorgebracht hat. Was daran liegt, daß sie mit dem zusammenfällt, was seit seinem ersten Roman, *Les choses* (1965), Perecs Leidenschaft für Kataloge war: für das Aufzählen von Objekten, jedes definiert in seiner Besonderheit wie in seiner Zugehörigkeit zu einer Epoche, einem Stil, einer Gesellschaft, bis hin zu Speisekarten, Konzertprogrammen, Diättabellen, wirklichen oder imaginären Bibliographien.

Der Dämon der Sammelwut geht ständig in Perecs Seiten um, und die persönlichste Sammlung unter den vielen, die dieses Buch evoziert, ist, würde ich sagen, die der *Unikate*: der Objekte, die nur in einem einzigen Exemplar existieren. Aber im Leben war George Perec nur Sammler von Wörtern, Kenntnissen und Erinnerungen: Er sammelte und benannte das, was die Einzigartigkeit jedes Ereignisses, jeder Person und jeder Sache ausmacht. Niemand war je immuner gegen das größte Übel des heutigen Schreibens: die Allgemeinheit.

Es liegt mir daran, zu betonen, daß für Georges Perec die Konstruktion des Romans auf der Grundlage fester Regeln oder »Zwänge« die erzählerische Freiheit nicht erstickte, sondern sie stimulierte. Nicht umsonst war Perec der erfinderischste aller Mitwirkenden am *Oulipo*, dem »Ouvroir de littérature potentielle«, das sein Lehrmeister Raymond Queneau begründet hatte. Queneau, der schon viele Jahre früher, zur Zeit seiner Polemik gegen die »automatische Schreibweise« der Surrealisten, geschrieben hatte:

> Une autre bien fausse idée qui a également cours actuellement, c'est l'équivalence que l'on établit entre inspiration, exploration du subconscient et libération, entre hasard, automatisme et liberté. Or, *cette* inspiration qui consiste à obéir aveuglément à toute impulsion est en réalité un esclavage. Le classique qui écrit sa tragédie en observant un certain nombre de règles qu'il connaît est plus libre que le poète qui écrit ce que lui passe par la tête et qui est l'esclave d'autres règles qu'il ignore. *(Bâtons, chiffres e lettres)*

Eine weitere sehr falsche Idee, die zur Zeit umgeht, ist die Äquivalenz, die man zwischen Inspiration, Erforschung des Unterbewußten und Befreiung herstellt, zwischen Zufall, Automatismus und Freiheit. Denn *diejenige* Inspiration, die darin besteht, blind jedem Trieb zu gehorchen, ist in Wirklichkeit eine Sklaverei. Der Klassiker, der seine Tragödie schreibt und dabei eine gewisse Anzahl von Regeln einhält, die er kennt, ist freier als der Poet, der schreibt, was ihm gerade durch den Kopf geht, und dabei der Sklave anderer Regeln ist, von denen er keine Ahnung hat.

Damit bin ich am Ende meiner Apologie des Romans als großes Vernetzungswerk angelangt. Man könnte hier den Einwand erheben, je mehr das Werk zur Vervielfachung der Möglichkeiten tendiere, desto mehr entferne es sich von jenem Unikum, welches das Selbst des Schreibenden ist, seine innere Aufrichtigkeit, die Entdeckung der eigenen Wahrheit. Im Gegenteil, antworte ich, wer sind wir denn, wer ist denn jeder von uns, wenn nicht eine Kombination von Erfahrungen, Informationen, Lektüren und Phantasien? Jedes Leben ist eine Enzyklopädie, eine Bibliothek, ein Inventar von Objekten, eine Musterkollektion von Stilen, worin alles jederzeit auf jede mögliche Weise neu gemischt und neu geordnet werden kann.

Aber vielleicht ist die Antwort, die mir am meisten am Herzen liegt, noch eine andere: Könnte doch nur ein Werk möglich sein, das außerhalb unseres Selbst konzipiert worden ist, ein Werk, das uns erlauben würde, aus der begrenzten Perspektive eines individuellen Ichs auszutreten, nicht nur, um in andere ähnliche Ichs einzutreten, sondern um sprechen zu lassen, was keine Sprache hat, den Vogel, der sich auf die Dachrinne setzt, den Baum im Frühling und den Baum im Herbst, den Stein, den Beton, den Plastikstoff...

War dies nicht der Endpunkt, den Ovid anstrebte, als er über die Kontinuität der Formen schrieb, und den Lukrez im Auge hatte, als er sich gleichsetzte mit der allen Dingen gemeinsamen Natur?

VERZEICHNIS DER ZITIERTEN WERKE

Honoré de Balzac, *Le chef-d'œuvre inconnu*, 1831-1837; Ü.: *Das ungekannte Meisterwerk*, deutsch von Heinrich E. Jacob und Hete Maass, Diogenes, Zürich 1977 (detebe 1990)

Roland Barthes, *La chambre claire*, 1980; Ü.: *Die helle Kammer. Bemerkungen zur Photographie*, deutsch von Dietrich Leube, Suhrkamp, Frankfurt/M. 1985

Cyrano de Bergerac, *L'autre monde ou Les états et empires de la lune et du soleil*, 1657-1662; Ü.: *Die Reise zu den Mondstaaten und Sonnenreichen*, deutsch von Martha Schimper, 1913, Heyne, München 1986

Hans Blumenberg, *Die Lesbarkeit der Welt*, Suhrkamp, Frankfurt/M. 1981

Giovanni Boccaccio, *Il Decamerone*, 1348-1353; Ü.: *Das Dekameron*, deutsch von Karl Witte, 1843, Winkler, München 1971

Jorge Luis Borges, *Ficciones*, 1944; Ü.: *Fiktionen* (darin »Der Garten der Pfade, die sich verzweigen«), in *Gesammelte Werke* 3/1, *Erzählungen*, deutsch von Karl August Horst, 1959, bearbeitet von Gisbert Haefs, Hanser, München 1981

Thomas De Quincey, *The English Mail-Coach*, 1848; Ü.: *Die englische Postkutsche*, deutsch von Walter Schmiele, 1962, dtv, München 1965

Emily Dickinson, *The Complete Poems*, 1924; Ü.: *Gedichte*, deutsch von Gertrud Liepe, Reclam, Stuttgart 1970

Carlo Emilio Gadda, *Quer pasticciaccio brutto de via Merulana*, 1957; Ü.: *Die gräßliche Bescherung in der Via Merulana*, deutsch von Toni Kienlechner, Piper, München 1961

ders., *La cognizione del dolore*, 1963; Ü.: *Die Erkenntnis des Schmerzes*, deutsch von Toni Kienlechner, Piper, München 1964

ders., »Urväterrisotto. Rezeptur« und »Unser Haus verändert sich: und der Mieter muß es ertragen«, beide in Gadda, *Die Wunder Italiens*, deutsch von Toni Kienlechner, Wagenbach, Berlin 1984

Galileo Galilei, *Dialogo dei massimi sistemi*, 1632; Ü.: *Dialog über die beiden hauptsächlichsten Weltsysteme*, deutsch von Emil Strauß, 1881, Neuausgabe B. G. Teubner, Stuttgart 1981

Douglas R. Hofstadter, *Gödel, Escher, Bach: ein Endloses Geflochtenes Band*, deutsch von Philipp Wolff-Windegg und Hermann Feuersee, Klett-Cotta, Stuttgart 1985

Ignatius von Loyola, *Exercicios spirituales*, ca. 1534; Ü.: *Die Exerzitien*, ed. Urs v. Balthasar, Luzern 1954

Henry James, *The Beast in the Jungle*, 1903; Ü.: *Das Tier im Dschungel*, in *Erzählungen*, deutsch von Helmut M. Braem und Elisabeth Kaiser, Kiepenheuer & Witsch, Köln 1958

Alfred Jarry, *L'amour absolu*, 1899; Ü.: *Die absolute Liebe*, deutsch von Simon Werle, Renner, München 1985

Franz Kafka, *Der Kübelreiter*, 1917, in *Sämtliche Erzählungen*, ed. Paul Raabe, Fischer Taschenbuch Verlag, Frankfurt/M. 1970, S. 195 f.

Raymond Klibansky, Erwin Panofsky und Fritz Saxl, *Saturn und Melancholie*, deutsch von Christa Buschendorf, Suhrkamp, Frankfurt/M. 1990

Leonardo da Vinci, *Il codice Atlantico di Leonardo da Vinci nella Biblioteca Ambrosiana di Milano*, Fasc. 1-35, Mailand 1894-1904

Giacomo Leopardi, *Zibaldone*, 1820-1824; Ü.: *Das Gedankenbuch* (Auswahl), deutsch von Hanno Helbling, Winkler, München 1985

ders., *Operette morali*, 1824-1827, in *Opere* I, Ricciardi, Mailand/Neapel 1956 (darin: *Cantico del gallo silvestre*, 1824, und *Frammento apocrifo di Stratone da Lampsaco*, 1825); Ü.: (Auswahl) *Gesänge, Dialoge und andere Lehrstücke*, deutsch von Hanno Helbling, Winkler, München 1978

Lukrez, *De rerum natura*, ca. 50 v. Chr.; Ü.: *De rerum natura / Welt aus Atomen*, deutsch von Karl Büchner, 1956, Reclam 4257, Stuttgart 1973

Eugenio Montale, *Piccolo Testamento*, 1953, in *Gedichte 1920-1954*, deutsch von Hanno Helbling, Hanser, München 1987

Robert Musil, *Der Mann ohne Eigenschaften*, 2 Bd., 1930-1952; ed. Adolf Frisé, Rowohlt, Reinbek 1978

Ovid, *Metamorphoses*, ca. 1-10 n. Chr.; Ü.: *Metamorphosen*, deutsch von Erich Rösch, 1979, Artemis (Sammlung Tusculum), München/Zürich 1988[11]

Georges Perec, *La vie mode d'emploi*, Hachette, Paris 1978; Ü.: *Das Leben. Gebrauchsanweisung*, deutsch von Eugen Helmlé, Verlag Zweitausendeins, Frankfurt/M. 1982, jetzt Rowohlt Taschenbuch Verlag, Reinbek 1991

Charles Perrault, *La Belle au Bois Dormant* (Dornröschen), 1697, in *Le Chat Botté et les autres Contes de Fées / Der gestiefelte Kater und die anderen Märchen*, deutsch von Ulrich Friedrich Müller, Langewiesche-Brandt, Ebenhausen 1962, jetzt dtv zweisprachig, München 1983

Jean Piaget/Noam Chomsky, *Théories du langage, théories de l'apprentissage*. Le débat entre Jean Piaget et Noam Chomsky. Organisé et recueilli par Massimo Piattelli-Palmarini, Éd. du Seuil, Paris 1979

Francis Ponge, *Le parti pris des choses*, 1942; Ü.: *Im Namen der Dinge*, deutsch von Gerd Henniger, Suhrkamp, Frankfurt/M. 1973

Vladimir Propp, *Morphologie des Märchens*, deutsch von Christel Wendt, Hanser, Literatur als Kunst, München 1972

Marcel Proust, *A la recherche du temps perdu – La Prisonnière*, 1923; Ü.: *Auf der Suche nach der verlorenen Zeit – Die Gefangene*, deutsch von Eva Rechel-Mertens, Suhrkamp, Frankfurt/M. 1956

Raymond Queneau, *Bâtons, chiffres et lettres*, Gallimard, Paris 1973 (coll. »Idées«)

Gian Carlo Roscioni, *La disarmonia prestabilita*, Einaudi, Turin 1969

William Shakespeare, *Romeo und Julia*, 1597, deutsch von Erich Fried, Hanser, München 1968; jetzt Wagenbach, Berlin 1989

ders., *Wie es euch gefällt*, ca. 1599, deutsch von August Wilhelm von Schlegel, 1801, in *Sämtliche Dramen* III, Winkler, München 1988

Jean Starobinski, *Das Reich des Imaginären*, deutsch von Ekhart Roloff, in *Psychoanalyse und Literatur*, ed. Alexander Mitscherlich, Suhrkamp, Frankfurt/M. 1973 (vgl. auch Starobinski, *Das Leben der Augen*, Bd. I, Ullstein 1984)

Laurence Sterne, *Tristram Shandy*, 1756; Ü.: *Leben und Ansichten von Tristram Shandy, Gentleman*, deutsch (zuletzt) von Michael Walter, Haffmans, Zürich 1983 ff.

Jonathan Swift, *Gulliver's Travels*, 1726; Ü.: *Gullivers Reisen*, deutsch von Franz Kottenkamp, 1843, Insel, it 58, Frankfurt/M. 1974

Paul Valéry, *Monsieur Teste*, 1926; Ü.: *Herr Teste*, deutsch von Max Rychner, 1927, Suhrkamp, BS 162, Frankfurt/M. 1965

ders., *Cahiers*, 1894-1945; Ü.: *Cahiers/Hefte*, deutsch von Hartmut Köhler und Jürgen Schmidt-Radefeldt (Ed.) u. a., bisher 4 Bände, S. Fischer, Frankfurt/M. 1987 ff.

ders., »Au sujet d'*Euréka*« (1924) und »Situation de Baudelaire« (1929), beide in *Variétés* 1 et 2, Gallimard (coll. »Idées«), Paris 1978

André Virel, *Histoire de notre image*, Éd. du Mont-Blanc, Genf 1955

Frances A. Yates, *Giordano Bruno in der englischen Renaissance*, deutsch von Peter Krumme, Wagenbachs Kleine kulturwissenschaftliche Bibliothek 12, Berlin 1989

Paolo Zellini, *Breve storia dell'infinito*, Adelphi, Mailand 1980

PERSONENREGISTER

Ariost, Ludovico 40, 53
Arnim, Achim von 131

Bachtin, Michail 158
Balzac, Honoré de 132-136, 161
Barbey d'Aurevilly, Jules 51 f., 55
Barthes, Roland 94
Baudelaire, Charles, 96
Beckett, Samuel 132
Benn, Gottfried 100
Betussi, Giuseppe 54
Bioy Casares, Adolfo 75
Blumenberg, Hans 152 f.
Boccaccio, Giovanni 26 f., 34, 37, 59 ff.
Bontempelli, Massimo 100
Borges, Jorge Luis 73 ff., 99, 100, 159 f.
Bruno, Giordano 38, 98, 126, 135

Campanella, Tommaso 38
Cardano, Girolamo 38
Carpaccio, Vittore 130
Cavalcanti, Guido 26-32, 34, 45
Cervantes Saavedra, Miguel de 34, 37
Chamisso, Adalbert von 131
Chomsky, Noam 101
Colet, Louise 153

Contini, Gianfranco 29
Cyrano de Bergerac 38 ff., 45

Damisch, Hubert 133
Dante Alighieri 30 ff., 115 ff., 119, 121, 157
De Quincey, Thomas 61 ff.
Descartes, René 92
Dickens, Charles 131
Diderot, Denis 69
Dickinson, Emily 33
Doré, Gustave 42
Dostojewski, Fjodor Michailowitsch 158

Eichendorff, Joseph von 131
Eliot, Thomas Stearns 157
Epikur 25
Erasmus von Rotterdam 71
Erizzo, Sebastiano 54
Escher, Maurits C. 135

Flaubert, Gustave 98, 153-155
Freud, Sigmund 123

Gadda, Carlo Emilio 139, 144-149, 158
Galilei, Galileo 45, 64-67
Galland, Antoine 42
Gassendi, Pierre 38
Gautier, Théophile 131
Giovio, Paolo 71
Gödel, Kurt 135

Goethe, Johann Wolfgang von 152
Gogol, Nikolai Wassiljewitsch 131
Gómez de la Serna, Ramón 100
Guinizelli, Guido 29

Hawthorne, Nathaniel 131
Hoffmann, Ernst Theodor Amadeus 131
Hofmannsthal, Hugo von 107
Hofstadter, Douglas R. 122, 135
Homer 77
Humboldt, Alexander von 153

Ignatius von Loyola 118 ff.
Irving, Washington 58

James, Henry 33, 132
Jarry, Alfred 157
Joyce, James 145, 157
Jung, Carl Gustav 75, 77, 123

Kafka, Franz 47 f.
Kant, Immanuel 92
Kipling, Rudyard 131
Klibansky, Raymond 37
Kopernikus, Nikolaus 38
Kundera, Milan 22

Leibniz, Gottfried Wilhelm 45, 145
Leiris, Michel 73
Leonardo da Vinci 108-112
Leopardi, Giacomo 42-45, 63, 73, 85-94, 97
Leskow, Nikolai Semjonowitsch 131
Levi, Carlo 69
Lichtenberg, Georg Christoph 152

Llull, Ramón 45
Lukian von Samosata 40
Lukrez 23 ff., 29, 36, 38, 45, 67, 107, 151, 165

Mallarmé, Stéphane 96, 99, 107, 153
Mann, Thomas 156
Manutius, Aldus 71
Michaux, Henri 73
Michelangelo Buonarroti 119
Montale, Eugenio 19, 106
Monterroso, Augusto 75
Moore, Marianne 106
Musil, Robert 94 f., 148 f., 158

Nerval, Gérard de 131
Newton, Isaac 40 ff., 45
Novalis 152

O'Sullivan, Pat 130
Ovid 18 f., 24 f., 29, 45, 151, 165

Panofsky, Erwin 37
Paris, Gaston 55
Parmenides 92
Perec, Georges 161-164
Perrault, Charles 57
Pessoa, Fernando 100
Petrarca, Francesco 53 ff.
Piaget, Jean 101
Piattelli-Palmarini, Massimo 101
Pico della Mirandola, Giovanni 45
Platon 158
Poe, Edgar Allan 96 f., 131
Ponge, Francis 73, 106 ff.
Potocki, Jan 131
Propp, Vladimir 46 f.
Proust, Marcel 149 ff.
Pythagoras 25

Queneau, Raymond 155, 164

Rabelais, François 37, 158
Roscioni, Gian Carlo 146

Santillana, Giorgio de 83
Saxl, Fritz 37
Shakespeare, William 35-38
Spinoza, Baruch 145
Starobinski, Jean 122 f., 126
Stein, Charlotte von 152
Sterne, Laurence 69
Stevens, Wallace 100
Stevenson, Robert Louis 131
Swift, Jonathan 41

Thomas von Aquin 117

Turgenjew, Iwan Sergeje-
  witsch 131

Valéry, Paul 32, 73, 95 ff., 100,
  158
Virel, André 77
Voltaire 41

Wells, Herbert George 131
Whitman, Walt 73
Williams, William Carlos 73,
  106
Wittgenstein, Ludwig 107

Yates, Frances A. 36

Zellini, Paolo 99
Zola, Émile 154